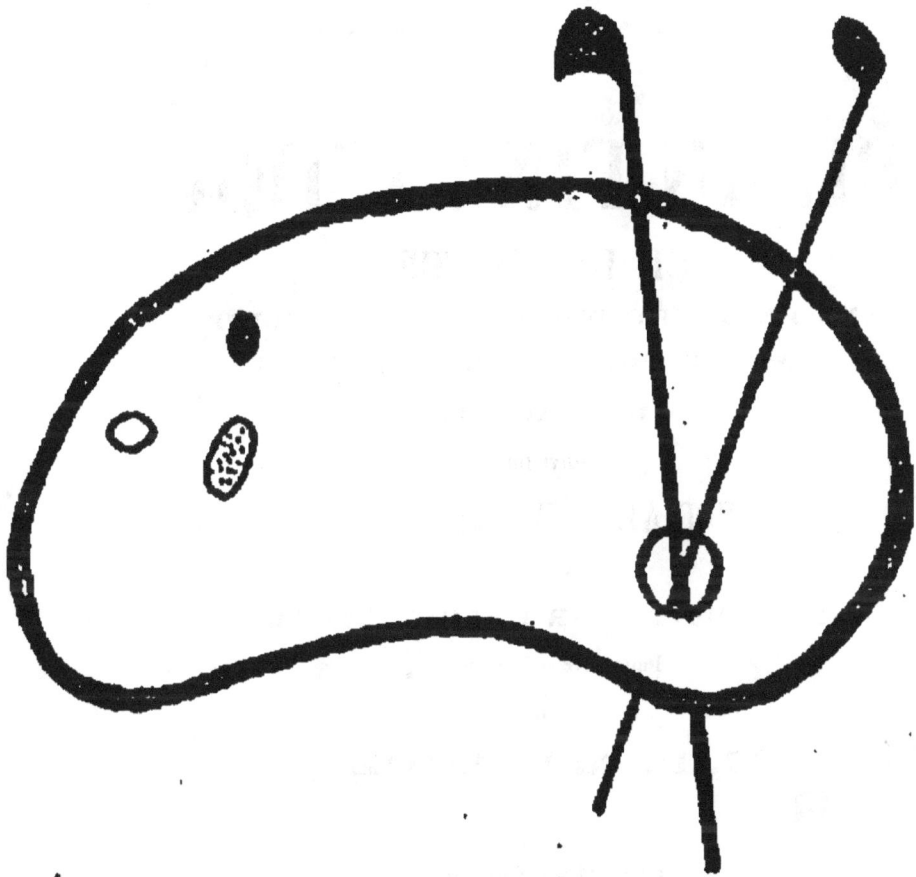

DEBUT D'UNE SERIE DE DOCUMENTS
EN COULEUR

TOME TROISIÈME. — CHAPITRE TROISIÈME

BILAN FINANCIER

DE LA FRANCE

DANS LE COURS DUQUEL SONT DÉVOILÉS

LES VÉRITABLES INCENDIAIRES

DE MAI 1871

SUIVI DU

SOCIALISME PRATIQUE

CONTENANT

LE CRÉDIT POUR L'AGRICULTURE

Pages 178 à 192 inclus

PAR

J.-P. MAZAROZ

TROISIÈME ÉDITION

PARIS

CHEZ L'AUTEUR

94, BOULEVARD RICHARD-LENOIR, 94

QUATORZE JUILLET

1880

DU MÊME AUTEUR :

ÉTUDE SUR L'OUVRIER DES VILLES
E. Lacroix, éditeur. — 1862.

PROJET DE CONSTITUTION PRENANT LA FAMILLE POUR MODÈLE
Lachaud, éditeur. — 1871.

LA PROFESSION,
BASE NATURELLE DU SUFFRAGE UNIVERSEL
Dentu, éditeur. — 1873.

HISTOIRE DES CORPORATIONS
1re édit., Dentu, éditeur, 1874. — 2e édit., Germer-Baillière, éditeur, 1878.

HISTOIRE DE LA CORPORATION DES ORFÈVRES FRANÇAIS
Dentu, éditeur. — 1875.

LES CHAINES DE L'ESCLAVAGE MODERNE
A. Chaix et Cie, éditeurs. — 1876.

L'ORGANISATION DE LA RÉPUBLIQUE DES TRAVAILLEURS
A. Chaix et Cie, éditeurs. — 1876.

LA FAMILLE DES INTÉRÊTS D'APRÈS L'ÉVANGILE
Guillaumin et Cie, éditeurs. — 1876.

UNION SYNDICALE ET FÉDÉRATIVE
A. Chaix et Cie, éditeurs. — 1876.

A MES AMIS ET CLIENTS
A. Chaix et Cie, éditeurs. — 1876.

LA RÉPUBLIQUE DES CLASSES DIRIGÉES
Guillaumin et Cie, éditeurs. — 1877.

LA GENÈSE DES SOCIÉTÉS MODERNES
A. Lévy, éditeur. — 1877.

IMPRIMERIE CENTRALE DES CHEMINS DE FER. — A. CHAIX ET Cie,
RUE BERGÈRE, 20, A PARIS. — 9954-0.

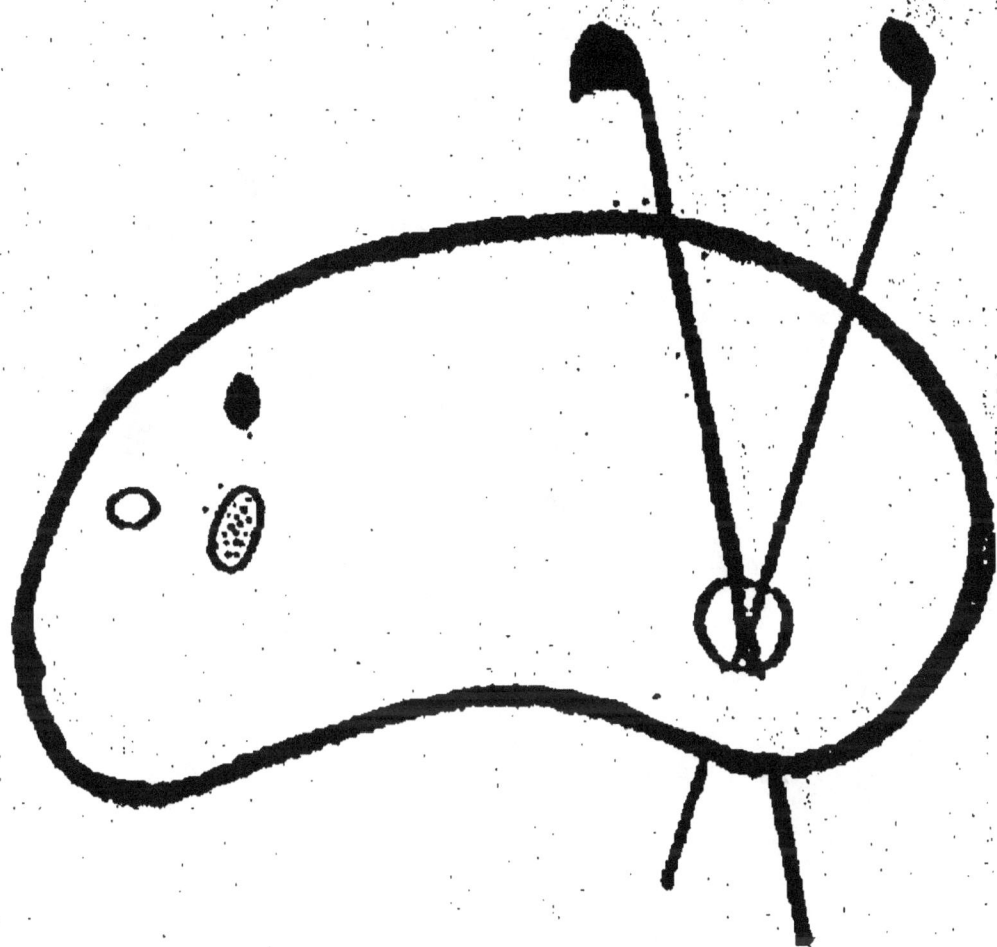

FIN D'UNE SERIE DE DOCUMENTS
EN COULEUR

BILAN FINANCIER

DE LA FRANCE

REPRODUCTIONS PARTIELLES AUTORISÉES.

J. S. Morgan &c.

La Revanche de la France par le Travail et les Intérêts organisés.

BILAN FINANCIER

DE LA FRANCE

DANS LE COURS DUQUEL SONT DÉVOILÉS

LES VÉRITABLES INCENDIAIRES

DE MAI 1871

SUIVI DU :

SOCIALISME PRATIQUE

CONTENANT

LE CRÉDIT POUR L'AGRICULTURE

Pages 178 à 192 inclus

PAR

J.-P. MAZAROZ

TROISIÈME ÉDITION

668

PARIS

CHEZ L'AUTEUR

94, BOULEVARD RICHARD-LENOIR, 94

QUATORZE JUILLET

1880

PRÉFACE

——

A Messieurs les Industriels, Propriétaires Travailleurs et Commerçants français.

I.

EXPOSÉ

Vous êtes les véritables maîtres de la France, puisque vous en possédez les intérêts producteurs et en payez l'universalité des impôts ; — je regarde donc comme un devoir de venir vous présenter le bilan économique et financier de la Société moderne, dressé par moi.

De même que l'on reconnaît la qualité d'un arbre à ses fruits, de même on se rend un compte exact de la valeur des institutions économiques d'un pays, en étudiant la situation financière de ce même pays.

Par le bilan des affaires gouvernementales de la nation française, vous allez constater le mauvais état dans lequel se trouvent les intérêts généraux du peuple des producteurs et propriétaires, depuis que l'administration de ses intérêts matériels lui a été enlevée par l'anéantissement des corps d'arts et métiers, pour être mise complètement sous l'autorité des sectes politiques.

La déplorable situation des affaires financières nous prépare depuis longtemps un immense désastre, qui suivra immédiatement la plus importante (*comme résultats*) des guerres que la France ait subies jusqu'à ce jour :

Aussitôt ces graves événements arrivés, les principaux fonctionnaires du gouvernement sous l'autorité duquel ils se produiront, ressentiront les effets d'une impopularité générale causée par la désaffection et la responsabilité qu'ils supporteront, au lieu et place de leurs coupables devanciers.

2°

LE SEUL MOYEN D'AFFRANCHISSEMENT

Quand ce moment suprême sera venu, je pense, Messieurs, que vous prendrez la résolution de ne plus vous désintéresser de la direction de vos propres affaires, comme nos pères ont eu la faiblesse de le faire en 1790 (1), puis à chaque révolution depuis 1791. — Étant les seuls et véritables souverains du pays, vous aurez le devoir de reprendre la direction de vos intérêts lorsque les faits auront encore une fois prouvé que ceux qui s'en sont si audacieusement emparés autrefois, ont établi un système corrupteur, égoïste et morbifique d'administration de vos épargnes, qui a amené en quatre-vingts ans notre pays près de la faillite générale.

Jusque-là, rien à faire qu'à attendre.

Mais, lorsque les corporations privilégiées de l'individualisme arriveront encore une fois à

---

(1) Les pères de famille français venus à Paris en 1790 pour constituer fédérativement le règne des collectivités, en ont été empêchés par les constituants. Ces politiciens sentaient bien que le pouvoir allait leur échapper pour être mis véritablement dans les mains de la nation elle-même.

La fédération de 1790 a été, en effet, la plus imposante manifestation qu'un peuple ait encore jamais faite pour mettre l'administration de ses intérêts généraux dans les mains des industriels, propriétaires, travailleurs et commerçants d'une nation.

En lisant l'ancien Moniteur on verra les imprécations et les calomnies de toute sorte que les physiocrates individualistes, membres de l'Assemblée constituante, ont publiées contre les honnêtes gens qui voulaient faire diriger fédérativement les intérêts publics de leur pays par les intéressés eux-mêmes.

la désagrégation, ne laissez plus prendre audacieusement, à Paris, la nouvelle administration de vos
intérêts gouvernementaux par les aventuriers ;
— c'est-à-dire, par les traîneurs de sabre, de
plume ou de parole qui se paieront d'audace ;
— aidés par les déclassés du bas de la société se
parant faussement du noble nom d'ouvriers, mais
dont les mains ne travaillent jamais.

L'armée, composée de vos frères et de vos
fils, vous tendra les mains ; — groupez-vous
alors et mettez-vous résolûment à la tête des
administrations du pays qui vous appartiennent ;
— prenez possession de vos demeures munici-
pales et politiques, puis, nommez un syndicat-
directeur provisoire dont les membres seront
choisis parmi les plus résolus d'entre vous ; —
lorsque vous aurez fait cela, Messieurs, vos
frères de la nation française vous suivront et
vous imiteront dans tout le pays, avec calme,
recueillement et énergie, parce que la France
entreverra la rédemption ; elle comprendra qu'a-
près dix-huit siècles d'orages le salut se présente
définitivement à elle, et cela, grâce au plus grand
cataclysme qu'elle ait encore subi par la faute de
son système de société.

3°

LA SERVITUDE VOLONTAIRE

Le peuple des industriels, propriétaires, travailleurs et commerçants, ainsi que l'a si bien démontré de la Boëtie, l'ami de Montaigne, subit volontairement la servitude des gouvernants ; en effet, si le peuple qui paie les impôts le voulait, il reprendrait du jour au lendemain l'administration de ses intérêts généraux.

Supposons que la servitude sous laquelle le peuple des producteurs est courbé, ait encore une raison d'être par l'essai du système individualiste sous sa forme la plus rationnelle de gouvernement qui est la République, cette fausse raison cessera d'exister quand les événements auront prouvé que, tout comme dans les monarchies, les diverses étiquettes républicaines ayant l'individualisme pour base, peuvent cacher les despotismes les plus révoltants et les servitudes populaires les plus exagérées.

* *

Je prends la liberté de vous présenter les pensées de quelques esprits libéraux sur la servitude volontaire des peuples :

Le moins de servitude qu'on peut est le meilleur. (Pascal.)

L'ignorance est d'accord avec la servitude. (M^mo de Staël.)

Par suite de leurs opinions extravagantes, les hommes sont partout plongés dans la servitude. (Dumarsais.)

La servitude abaisse les hommes au point de leur faire aimer leurs despotes. (Vauvenargues.)

La servitude par l'impôt ou le tribut est la pire de toutes, parce qu'elle procède de la conquête législative des peuples. (J.-P. M.)

Voici l'opinion anti-libérale des sectes sacerdotales sur la servitude des populations; — cette opinion a été formulée par l'un des plus illustres représentants du cléricalisme dogmatique.

Douter de la légitimité de la servitude c'est offenser le Saint-Esprit. (Bossuet.)

Pour clore ces citations, je reproduis la pensée du chef de la grande école du cléricalisme civil, école qui occupe le pouvoir gouvernemental en France, de par la constitution de 1791 et au nom de ses prétendus droits de l'homme :

Il n'est pas d'état dans la société qui n'ait sa servitude. (Voltaire.)

Le premier clérical que je viens de nommer a pour lui la franchise, le second est hypocrite, mais tous les deux visent le même but, qui est celui de démontrer la légitimité de la servitude des populations par les redevances, tributs et impôts en nature ou en argent, dont le montant est établi selon le bon plaisir des corporations gouvernantes, quels que soient du reste leur titre, leur source et le nom dont leurs actes sont signés.

En un mot, et pour bien préciser ce que veut dire le mot servitude:

Les peuples ayant un ou plusieurs maîtres qu'ils payent de leurs forces ou de leur argent et auxquels ils obéissent, sont en servitude volontaire selon de la Boëtie.

Bien au contraire, l'homme ou les hommes sont libres et non en servitude, lorsqu'ils dirigent eux-mêmes leurs intérêts communs et généraux, corporativement, syndicalement et fédérativement.

C'est-à-dire: *quand l'homme est payé par ceux qu'il sert au lieu de les payer; — ou encore, lorsque l'homme, groupé par familles industrielles, commande à ceux qu'il paye au lieu d'être commandé par eux, alors le peuple des industriels, propriétaires, travailleurs et commerçants est libre.*

Après une aussi longue servitude volontaire, lorsque le peuple des producteurs français sera enfin maître chez lui, les industriels, propriétaires, travailleurs et commerçants organiseront le corps professionnel des comptables du département de

la Seine, auquel ils adjoindront les délégués
départementaux, pour vérifier les dépenses et
recettes et mettre chacun des services publics
en harmonie avec les principes collectifs du Gouvernement de tous par tous ; puis, les syndics
comptables procéderont à la liquidation de
l'ancienne raison sociale de l'individualisme, au
nom de laquelle les corporations privilégiées ex-
ploitent depuis si longtemps la nation française.

4°

LE RÈGNE DE LA JUSTICE VÉRITABLE

En principe;

Pour construire solidement la nouvelle société
française d'après l'esprit des lois de la nature, la
partie déléguée du peuple qui siégera provisoirement à Paris devra déclarer souverainement
que :

1° Le peuple français étant UN, chacun de ses
membres doit être admis à administrer professionnellement toutes les affaires de son pays,
dans la juste proportion des intérêts producteurs qu'il y possède, soit par son travail, soit
par ses talents, soit par héritage, soit par son
épargne. 2° Le peuple français entend administrer
corporativement, fédérativement et par gouverne-

ments départementaux fédérés entre eux, tous et chacun de ses intérêts communs et généraux.

3° A cet effet, le peuple de France est composé de trois grands corps principaux de l'état social, mais qui n'en forment qu'un seul par la solidarité administrative qui les unit étroitement et fédérativement (1).

A. Les industriels, entrepreneurs, commerçants ;

B. Les propriétaires (*qui sont en réalité industriels et commerçants de par les produits de leurs propriétés*);

C. Les travailleurs scientifiques, artisans ou artistes.

*
* *

Dans la pratique.

Les membres des trois grands corps du peuple de France se fondront en familles professionnelles spéciales, *afin que :*

1° L'instruction soit utilement dirigée selon les besoins de chacun des producteurs ;

2° Les différends entre les citoyens soient conciliés ;

---

(1) Le ZEUS unique est un symbole des anciens vedas de l'humanité primitive, qui représentait *l'unité* sociale d'un peuple, quand ses intérêts sont bien organisés; — ainsi que la grande loi unitaire, dont l'intelligence pratique est la même en tout, pour tout et partout.

3° L'assurance des risques de la vie, suivant la situation sociale des citoyens, garantisse, au moyen des impôts, et dans la plus équitable des mesures, le lendemain des travailleurs de chacun des degrés de l'échelle sociale.

Puis, les alliances, ainsi que les sélections générales et partielles se formeront naturellement par groupes comme dans la nature, selon les besoins qu'indiquera la pratique de tous les jours.

5°

HORIZON POLITIQUE

Messieurs,

Je vous prie de me permettre de compléter ces explications préliminaires, par la constatation de la situation morale sous l'influence de laquelle se trouvent actuellement les gouvernants du monde moderne.

————

De même qu'en attendant un gros orage dont les nuages assombrissent le ciel, les bestiaux se réunissent les uns contre les autres en plaine et semblent frappés d'inertie;

De même, mais par un effet inverse, la prévision du grand orage des sociétés qui se prépare divise de plus en plus nos hommes publics d'Europe, en les dominant magnétiquement, c'est-à-dire en les frappant d'inertie.

En effet,

Depuis quelques années nos gouvernants ont plus généralement que par le passé adopté la politique d'atermoiements; — cette politique, appelée celle *des satisfaits* sous Louis-Philippe et *la force d'inertie* sous le règne dernier, a fini par envahir aujourd'hui tous et chacun des rouages administratifs, elle atrophie réellement les forces vitales de notre pays.

Le bilan suivant, ainsi que les constatations qui le précèdent et le suivent, vont nous renseigner sur les effets et les causes de cette situation de plus en plus générale.

TOME TROISIÈME

TROISIÈME ET DERNIER CHAPITRE

BILAN FINANCIER

DE LA FRANCE

> La division des populations en partis
> politiques, ce qui veut dire en classes
> sociales, représente la mort à plus ou
> moins long délai des sociétés qui su-
> bissent ce joug; — en ce que cette
> division, opposée à l'esprit de famille,
> exclut la conciliation entre les intérêts
> des hommes qui ne sont pas de la
> même classe.
> Nos efforts ne doivent donc avoir
> pour but que de réunir toutes les
> classes de la société dans un seul parti
> politique qui est celui de **la France**.

PREMIÈRE PARTIE

L'ANALYSE

OBSERVATION PRÉLIMINAIRE. *Le lecteur a dû
remarquer la marche que j'ai suivie dans la*

2

confection du présent volume. Elle consiste à reprendre consécutivement (au sujet de chacun des motifs que cet ouvrage comporte) *l'un des multiples thèmes que l'histoire philosophique, scientifique et sociale de l'humanité offre à nos études ; — considérant cette méthode comme utile à la compréhension de mon sujet principal, je vais continuer à opérer de même pour le contenu de ce chapitre.*

1°

Les Symptômes.

Ce qui va se dissoudre dans la vie universelle par la transformation : plante, animal, homme ou société, sent son esprit saisi d'une sorte d'effroi intermittent, plus ou moins accentué suivant la nature et l'avancement de l'individu ou des membres de l'institution qui va changer de forme.

C'est là le motif caché pour lequel les gens prévoyants de l'Europe sont sous l'influence de la peur : depuis quelques années l'avenir leur paraît sombre, ils attendent de grands événements internationaux, — ils ressentent moralement les vacillements terribles du géant

gouvernemental du vieux monde, qui, à l'image
de celui de la Rome antique dont il procède,
est un colosse aux pieds d'argile.

Le vieux monde paraît entrer dans la dernière
des phases de sa vie de domination, il menace
de s'effondrer, l'humanité achève sur le zodiaque
universel l'un de ses mouvements millénaires.
— En un mot, le grand cycle de la servitude
des peuples commencé avec le moyen âge est
en voie de changement.

*
* *

Quand un homme a essayé de presque toutes
les professions pour faire une solide position
sociale à sa famille et qu'il n'est parvenu qu'à
perdre ou compromettre plus ou moins entièrement son patrimoine, alors, une époque de
transformation morale ou matérielle se prépare
pour lui : quelquefois l'homme dans cette
position fait faillite, d'autres fois il a la faiblesse
de préférer le suicide au déshonneur, ou bien
il languit dans la misère; — enfin, il arrive
aussi qu'il trouve sa rédemption dans la reprise
du travail manuel par lequel il a commencé
sa carrière.

Vers la fin de l'an 1879, les sociétés européennes sont exactement dans la situation de

l'homme qui a essayé de tout sans réussir à rien.

Les sociétés vont-elles se transformer sous les effets des invasions du dedans et du dehors?

Au contraire, vont-elles se régénérer par l'organisation du travail et des intérêts au moyen de laquelle les sociétés humaines ont toutes commencé?

C'est ce que nous allons prochainement savoir par les événements prévus.

.*.

Chaque transformation implique une renaissance; aussi, les hommes de bien ont le devoir d'étudier les causes de la dissolution qui menace les sociétés modernes; — puis, ils doivent chercher les moyens de la diriger, pour éviter les immenses convulsions qui vont caractériser l'agonie du monde de l'individualisme.

Les hommes de bien ont l'obligation de remplir ce grand devoir afin de favoriser autant que faire se pourra l'accouchement du nouvel état social, qui va sortir plus ou moins douloureusement des entrailles sanglantes de l'ancien monde.

2°

LE PHYLLOXÉRA DES SOCIÉTÉS.

A.

1° La nature est partout semblable en causes en effets et en résultats.

2° Il n'y a qu'une seule force universelle qu anime tous les êtres et les dirige vers le bien, en leur imposant le bien-être ou la souffrance selon l'état de leur conscience et de leur conduite présente et passée.

La pratique de chacune des choses de la vie générale a donc une science qui est la même comme intelligence, aussi bien pour la direction des sociétés humaines, que pour celle des cultures de la vigne et des champs.

3° Quand l'homme ou les Sociétés ne suivent pas les principes purs de la science du bien, l'homme ou les sociétés ainsi dévoyés rencontrent partout le mal et les êtres malfaisants, qu'ils évoquent et attirent à eux par ce fait.

Pour la clarté de ces démonstrations, je vais faire un rapprochement entre le phylloxéra qui est en train de détruire nos vignes françaises parce que leur culture a été mal dirigée, et le phylloxéra moral des peuples, qui est *le privilège individuel*, — lequel est en train de détruire nos sociétés humaines parce que leurs cultes sont faux, en ce qu'ils sont basés sur la division des intérêts des hommes, au lieu d'être fondés sur l'union et la solidarité, — seuls moyens pratiques de la science universelle du bien.

Le phylloxéra produit, en effet, sur les vignobles envahis, un résultat identique en théorie à celui que le système social des privilégiés opère sur les populations soumises à son joug démoralisateur.

**

La présence du phylloxéra de la vigne se produisant dans nos vignobles au moment même de la fin de la décadence des Sociétés européennes, représente un fait harmonique, qui complète la physionomie générale de la grande période de décomposition que nous traversons.

De même que le règne du privilège individuel apparaît chez les peuples avec la période de corruption avancée des mœurs;

De même, les grandes familles d'insectes nuisibles, comme celle du phylloxéra, ne peuvent se développer et prendre possession d'un pays, que lorsque les terres de ce pays sont affaiblies

par des cultures inintelligentes et désordonnées.

Les plaies sociales ou territoriales dont les
peuples souffrent, sont donc les résultats de la
mauvaise organisation de leurs relations de
travail et d'intérêts.

Voici, grosso modo, comment le phylloxéra
des sociétés a procédé en France.

B.

Les étapes de la servitude moderne.

Les xiii° et xiv° siècles amenèrent en Europe,
ou plutôt virent l'aurore de la renaissance des
arts et belles-lettres. Malheureusement, la renaissance des arts et belles-lettres fut bientôt
accompagnée de celle des mœurs et des institutions de la décadence des peuples anciens.

Dans son livre intitulé *la Vie des Dames
galantes*, Pierre de Bourdeilles, abbé et seigneur
de Brantôme, nous a appris, en un style pitto-
resque, dans quelle énorme proportion les
grandes dames françaises de l'époque de la
Renaissance avaient imité et même souvent dé-
passé les débordements de mœurs des Laïs,

Messaline, etc., des temps antiques. — Le relâchement des mœurs de la haute société du moyen âge commença publiquement sous Charles VII; — ce roi fut, en effet, le premier souverain français qui osa afficher au grand jour ses relations avec une maîtresse en titre (*Agnès Sorel*).

Le dérèglement des mœurs de la Renaissance s'infiltra peu à peu des hautes classes de la Société dans la haute bourgeoisie, puis dans les classes moyennes; enfin, mais beaucoup plus tard, dans le peuple des villes. — Les guerres de cette époque facilitèrent considérablement le rayonnement démoralisateur, — les mœurs faciles du règne des Valois engendrèrent celles encore plus libres des époques de Louis XIII et Louis XIV, — enfin, les dépravations de la Régence conduisirent tout droit la France au débordement complet des mœurs, dont les règnes de Louis XV et Louis XVI nous ont donné le désolant spectacle.

* *

La servitude populaire suivit comme toujours le niveau moral de la société, par la raison toute naturelle que les peuples débauchés résistent moins au despotisme que les autres; —

puis, les gouvernants déréglés aiment le pouvoir despotique afin de charger plus facilement les populations de taxes et d'impôts.

Sous François I⁰ʳ, les édits, arrêts et lois écrites commencèrent à remplacer partout les coutumes familiales, communales et corporatives. — Les successeurs de ce roi galant homme, puis Louis XIII, Louis XIV et Louis XV continuèrent à enlever une à une la presque totalité des vieilles franchises communales et corporatives dont le moyen âge avait doté si largement les villes et bourgs de France (1).

Enfin, le faible Louis XVI, mal conseillé, finit par anéantir dans la personne des corps d'arts et métiers, le dernier quoique bien incomplet rempart de la mutualité et de la liberté collective des producteurs français.

— Nous ouvrons ici une parenthèse pour bien faire observer que :

Nous dénonçons aux générations présentes et à venir les actes à reprocher aux gouvernements de l'ancien régime, en laissant absolument de côté les faits politiques, parce que ces faits, quoique blâmables pour la plupart, étant en

_____

(1) Je ne parle pas des populations rurales qui étaient alors en servage sous le joug féodal.

dehors du droit naturel, les peuples doivent les repousser sans jamais les discuter.

La grande révolution physiocratique de la fin du siècle dernier trouva donc la place des libertés collectives balayée par l'ancien régime; — aussi, les économistes du phylloxéra des sociétés purent librement commencer l'établissement du règne absolu des privilèges individuels en employant pour cela la plupart de ce que l'ancien régime avait de défectueux, puis, en rejetant à priori ce qu'il pouvait avoir de bon et de pratique.

En lisant le *Moniteur officiel* de cette époque, il est facile de s'assurer de combien de déclamations mensongères et d'assertions inexactes les Constituants de 91 accompagnèrent l'établissement des chaînes de la servitude, qu'ils rivèrent législativement aux pieds du peuple français.

1° Après avoir asservi le travail et les travailleurs, les hommes de 91 se hâtèrent de donner force de loi aux privilèges des corporations gouvernantes et représentatives des intérêts populaires, — de façon à ce que les

commerçants, travailleurs, industriels et propriétaires n'aient pas même besoin de s'occuper
collectivement ni personnellement de leurs multiples intérêts généraux.

2° A côté de la justice légale représentée par
les tribunaux civils et commerciaux, les économistes du phylloxéra des sociétés établirent une
administration judiciaire spéciale pour juger au
besoin les actes des gouvernants de l'individualisme; — ces tribunaux, dont les membres
salariés sont révocables par ceux-là mêmes
qu'ils doivent juger, sont les conseils d'État, de
Préfecture et les tribunaux de police.

3° Par l'abolition des conciliations professionnelles qui fonctionnaient journellement au
sein des corps d'arts et métiers de toutes les
villes et bourgs de France, les mêmes économistes envenimèrent les relations d'intérêts des
populations, semèrent et multiplièrent par conséquent les procès d'individu à individu, procès
qui colportent la haine, la calomnie et la ruine
parmi les commerçants, industriels et propriétaires, en augmentant les motifs de discorde et

en rendant inconciliables les procédures commencées.

Le tout, afin de diviser pour régner.

4° En réglementant les affaires de Bourse et en protégeant la multiplication des sociétés anonymes, les économistes du phylloxéra des sociétés ont, à l'imitation du financier *Jean Law* qui a fait perdre des centaines de millions à l'épargne française sous Louis XV, — préparé le détournement périodique et presque légal de l'épargne des travailleurs français. — En effet, de par les lois écrites, les spéculateurs grands et petits peuvent, sous les prétextes les plus faux, drainer légalement à leur profit l'argent des pères de famille par la promesse de gros intérêts, qui ne sont trop souvent payés que jusqu'au délai de l'agiotage et de la vente dans le public des actions et obligations de chacune des sociétés établies par eux.

5° En affranchissant les spéculateurs du contrôle de leurs pairs, c'est-à-dire en interdisant la réunion professionnelle qui aurait permis aux petits négociants de s'allier, s'entendre et réunir leurs forces productives pour résister aux grands spéculateurs, — les mêmes économistes ont préparé la ruine périodique des petits commerces et industries, qui sont forcés de sombrer sous la concurrence des accapareurs.

Exemple. Les magasins de nouveautés font journellement des ventes à perte jusqu'à ce qu'ils aient fait disparaître les petits industriels en boutiques qu'ils visent tour à tour, — puis, après la chute de leurs concurrents, ils font d'énormes bénéfices en vendant hors de prix les mêmes objets qu'ils livraient au-dessous du prix coûtant.

Par ces procédés de concurrence, déloyale en principe, mais que les lois de l'individualisme protègent, les grands magasins de nouveautés de Paris ont jeté dans le prolétariat depuis une vingtaine d'années, quinze à vingt mille familles de petits négociants qui ont périodiquement grossi les mécontents et augmenté d'autant les chances de nos révolutions.

Dans tous les cas, un accaparement aussi entier des fournitures du vêtement et du mobilier est un véritable déni de la liberté commerciale.

La seule liberté de réunion professionnelle rendrait impossibles ces désolantes exploitations.

6° Par l'article 1793 du Code civil, les fondateurs de notre système de société ont permis aux propriétaires de ne pas payer les commandes qu'ils font à des entrepreneurs, en dehors des objets prévus sur leurs marchés à forfait, quand ces derniers n'ont pas eu le soin de se faire donner un écrit à chaque supplément.

Par le mariage dotal et la facilité pour mari et femme de se passer leurs biens et meubles en propriété, les mêmes économistes ont protégé les mauvais payeurs, ainsi qu'en abolissant la contrainte par corps.

Par la pratique de ces lois, ainsi que par d'autres, la misère populaire et les faillites bourgeoises ont pris des proportions de plus en plus grandes.

Lorsque le règne des collectivités aura été établi sur les ruines du vieux monde qui va périr, ces corruptions sociales disparaîtront comme les brouillards du matin, qui se dissipent, puis finissent par disparaître complètement, sous l'influence des rayons du soleil.

C.

Comparaisons.

Le système du privilège individuel appelé

dans ce chapitre le phylloxéra des sociétés, se produit généralement sous deux formes bien distinctes :

La forme théorique; — la forme pratique.

C'est-à-dire le côté purement économique, dirigé par les sectes soi-disant scientifiques, et celui de la force brutale, dirigé par les sectes politiques; — mais en adoptant toujours une étiquette quelconque, soit Monarchique, Républicaine, Césarienne ou Théocratique.

Et pourtant, les pères de familles groupés et fédérés ont dirigé les relations d'intérêts des premiers peuples de l'extrême antiquité sans aucune de ces sectes ni de ces formes diverses, pendant plus des trois quarts de leur existence à l'état de société.

Cette longue période de la vie des peuples civilisés de l'humanité primitive était tellement parfaite et heureuse pour la vie des peuples, qu'elle a été reconnue par chacun des historiens et législateurs anciens comme ayant été celle du **paradis terrestre.**

Le Gouvernement patriarcal ou du paradis terrestre fait diriger syndicalement et fédérativement les intérêts de tous par tous au moyen de l'esprit des lois naturelles de la famille.

Les privilégiés, au contraire, gouvernent les intérêts des citoyens, par et au profit de quelques-uns d'entre eux dont nous avons nommé les groupes *corporations gouvernantes*.

Suivant les temps, le règne des privilèges légalise de diverses manières l'exploitation populaire ; — les principales sont :

Le droit divin,

Le droit de conquête,

Le droit écrit.

Mais toujours et partout, ce système de société représente et produit périodiquement le pariatisme, les haines individuelles, le paupérisme, enfin la servitude des peuples.

3°

La forme et le fond.

Quant au droit naturel, le règne des privilèges ne le connaît pas et ne peut le connaître, parce que ses lois et organisations ont comme but et résultat de nier et détruire le droit de nature, pour le remplacer par le droit individuel et **formaliste**, c'est-à-dire celui du plus fort, du plus rusé ou du plus riche.

Afin de légaliser le joug de fer du pouvoir de la forme, — les religionnaires économistes et physiocrates ont déclaré en tous les temps que :

L'homme étant né mauvais, il fallait le lier par des droits établis et définis, afin d'empêcher l'accomplissement journalier du mal auquel le portent constamment ses mauvais instincts.

Ce raisonnement est faux, il ne représente qu'un prétexte pour maintenir l'exploitation des populations ; — dans tous les cas, les mauvais instincts de l'homme se produisent infiniment plus sous le règne du privilège qui le rend esclave de ses besoins en le privant des bienfaits de la mutualité populaire.

— L'organisation patriarcale retient l'homme dans la voie du bien par le travail organisé, au nom de son intérêt même.

— Le règne du privilège, au contraire, anime les hommes les uns contre les autres par la bataille de leurs intérêts qui est réglementée dans les lois écrites.

Il est vrai que, lorsque les passions individuelles déchaînées et en quelque sorte encouragées produisent des crimes ou délits constatés, il y a des lois pour punir les coupables qui se sont laissé prendre.

Les collectivistes répondent à cela :

Les sociétés doivent être organisées pour prévenir le mal dans chacune des relations humaines, afin de ne presque plus avoir l'obligation de le punir.

Par ces divers motifs,

La forme sociale d'une nation n'est rien, c'est l'organisation du fond qui est tout, c'est-à-dire l'organisation des relations d'intérêts des citoyens pères de famille entre eux; — parce que les pères de famille sont les seuls citoyens qui représentent l'intérêt social complet, ainsi que la véritable responsabilité individuelle.

Voici ce qui arrive périodiquement dans les nations courbées sous le joug d'une forme individualiste quelconque.

La Monarchie des privilégiés de même que la République du même système de société, contient deux castes d'ennemis mortels. — Leur haine vient de la concurrence qui se produit inévitablement entre les intérêts privés différents qui divisent ces deux grands partis de la bataille des intérêts.

Lorsque l'un de ces partis est au pouvoir, les revenus budgétaires sont effectivement à la disposition de ses adhérents ; tandis que les intéressés au parti opposé végètent quelquefois dans la gêne et la misère.

L'Europe entière se trouve plus ou moins sous l'influence de cette période de décomposition ; — partout la grande bataille se prépare ; aussi, il n'est nul besoin d'être prophète pour prédire que, bientôt,

C'est de la lutte gigantesque de l'individualisme Monarchique contre l'individualisme Républicain, cela veut dire du cléricalisme religieux contre le cléricalisme civil, que va éclore le règne de la fédération des forces productives des peuples ; — ou plutôt le retour de l'ère patriarcale des populations, que nous appelons le règne des collectivités.

La nature, en effet, fait naître partout le bien du mal au moyen de l'esprit des lois éternelles qui veulent que, — le règne de la paix naisse de celui de la guerre, la vie naisse de la mort ; — enfin, que le fumier frais et les excréments animaux soient les meilleurs éléments reproducteurs des végétations qui servent à la nourriture des hommes.

4°

Impossibilité d'un compromis.

Aucun arrangement sérieux n'a jamais été possible entre les deux spécialités **de la forme** du pouvoir physiocratique, qui se disputent depuis si longtemps (*les armes et la plume à la main*), les dépouilles des populations asservies par l'impôt.

L'Individualiste Thiers, qui était pourtant fort malin, n'a pu arriver à la conciliation des corporations gouvernantes monarchiques et républicaines.

Un jour pourtant — c'était après la Révolution de 1848 — Thiers résolut un effort désespéré en ce sens ; à cet effet, il monta à la tribune, fit un bon discours de conciliation, puis, regardant la droite et la gauche de l'Assemblée nationale d'alors, il dit : *Rappelez-vous, Messieurs, que la République est la forme de gouvernement qui nous divise le moins.*

En se plaçant à son point de vue d'individualiste, Thiers avait raison, mais il avait oublié ou ne savait pas que : *l'égoïsme humain n'a pas d'oreilles.*

L'étude des révolutions françaises avait amené
Thiers à rêver pour son pays la République du
physiocratisme pur, avec les initiés à trois
degrés.

1° Gouvernants,

2° Représentants ou intermédiaires,

3° Fonctionnaires ou employés.

Ce système de République est celui que les
Brahmes ont imposé pendant tant de milliers
d'années aux malheureux Indiens de l'extrême
antiquité, avec leurs Brahmatmats pour Prési-
dents.

Thiers n'a pas songé que les hommes ni les
temps présents ne sont plus semblables à ceux
d'autrefois.

Du reste, l'individualisme Brahmanique imposé aux anciens Indiens a fini, lui aussi, par
tomber sous les coups des *xachatrias* ou
Xerxès (1), sans pouvoir s'accorder politique-
ment avec eux. — Les Brahmes sont restés prê-
tres-prêcheurs dans les Pagodes, mais ils ont
abandonné les dîmes, taxes et impôts aux individualistes monarchiques pour ne conserver que
la mendicité religieuse.

---

(1) Rois des provinces des Indes et de la Perse
antique.

— Si Thiers avait connu et étudié avec soin cette longue histoire du berceau de l'humanité civilisée, il n'aurait pas osé dire aux différents partis composant l'Assemblée nationale de 1848 que « l'étiquette de la république individualiste pouvait rallier sous un même drapeau les diverses sectes politiques qui administrent tour à tour l'épargne des peuples. »

Résumé de ce sous-chapitre. — *Les commerçants, propriétaires ou travailleurs qui ont la faiblesse de préférer une forme de gouvernement à une autre, sont, comme on le voit, dans une regrettable erreur.*

5°

Les conséquences.

Depuis quelques années les affaires industrielles et commerciales sont beaucoup trop calmes relativement à nos moyens de production, elles baissent encore de plus en plus en France et à l'étranger. Chacun a désiré et attendu l'Exposition universelle de 1878, parce que cette manifestation internationale devait faire reprendre le commerce.

Trompant ces prévisions, l'Exposition de 1878

n'a fait qu'augmenter encore la valeur des denrées alimentaires ; — cette augmentation toujours croissante depuis trente ans, est due prin-
cipalement à l'épuisement de nos territoires, elle
écrase d'autant mieux et de plus en plus les
populations laborieuses des grandes villes, que
les chômages ont l'air de se multiplier en
proportion de la cherté des subsistances.

Heureusement, la masse d'argent qui reste
inactive dans les mains des capitalistes par suite
de la baisse des affaires commerciales, fait marcher la construction à Paris et dans les autres
grands centres ; — sans cela, une misère sans
nom accablerait dès à présent nos populations
laborieuses des villes.

6°

IMPUISSANCE DES ÉCONOMISTES

A.

Exposé.

Lorsque les sociétés d'économistes sont saisies
de ces questions palpitantes d'intérêt, grosses
de dangers de toutes sortes, et qu'il leur est

demandé des explications sur ces conséquences
du système de société dont elles préconisent le
principe, les porte-paroles des sectes de l'économie physiocratique répondent laconiquement :

— *Les sociétés d'économie politique s'occupent
du développement des richesses, mais jamais de
leur répartition.*

Ce principe désespérant doit être repoussé
par les véritables amis de l'humanité ; ces derniers doivent s'unir pour dénoncer ainsi les écoles
d'économie politique à l'attention des peuples.

*A force de ne pas s'occuper des principes
pratiques de la bonne répartition de tous et de
chacun des produits du travail national ; —
puis, en empêchant législativement les industriels, propriétaires, travailleurs et commerçants
de se réunir professionnellement pour s'en occuper eux-mêmes, les économistes des XVIII° et XIX°
siècle ont amené peu à peu la France à la
situation résumée dans la déclaration suivante :*

LA PROSPÉRITÉ INDUSTRIELLE QUI A SUIVI LE DÉVE-
LOPPEMENT COMPLET DE NOS GRANDES LIGNES FERRÉES,
NE REVIENDRA PLUS JAMAIS SOUS LE SYSTÈME ACTUEL DE
NOTRE SOCIÉTÉ.

Après avoir indiqué les causes, voyons les
conditions matérielles de cette déplorable situation.

B.

Premièrement.

Nos débouchés à l'étranger sont à peu près complètement perdus depuis quelques années.

a. La Russie, encore plus appauvrie d'argent par la dernière guerre qu'elle ne l'était, vient de prohiber l'entrée de presque tous nos produits industriels par l'élévation de ses tarifs douaniers; elle est, de plus, troublée par le nihilisme.

b. La Turquie, gênée pour longtemps encore, est un marché à peu près fermé pour nous; — l'Angleterre seule, par la situation qu'elle a prise dans la dernière guerre d'Orient, est appelée à profiter des quelques épaves commerciales que l'Europe industrielle pourra encore recueillir.

c. L'Autriche a rétabli ses anciens tarifs qui sont absolument prohibitifs par leur élévation.

d. L'Allemagne désire nous vendre, mais ne veut ni ne peut presque rien nous acheter.

e. Quant à l'Angleterre, qui profite des expositions universelles pour copier nos moyens de fabrication, elle se prépare depuis longtemps à se passer de plus en plus des produits de nos industries d'art; — cette situation se développe depuis environ vingt ans, si bien que notre traité de commerce avec l'Angleterre devient de plus en plus onéreux; — cela se passe presque sans compensation pour nous par les motifs indiqués ci-dessus.

f. Les États-Unis de l'Amérique du Nord n'abaisseront leurs tarifs, malgré les statues que nous leur donnons, que lorsqu'ils seront en état de lutter victorieusement contre nos grandes industries.

On ne saurait donc trop répéter ceci :

Nos anciens marchés étrangers sont à peu près fermés depuis quelques années, et le seul qui nous reste encore, l'Angleterre, nous fait un tort considérable.

———————

L'ILOTISME LÉGISLATIF. — De même que les officiers de nos armées ont été faits des espèces de *moines-guerriers* par les lois de l'individualisme, qui les ont cloîtrés dans ces couvents nomades appelés *régiments;* — de même, l'industrie et le commerce, principales mamelles de la France pour les impôts qu'ils paient et pour la richesse nationale qu'ils produisent, sont absolument privés des protections administratives.

Un mot seulement sur le commerce.

Par une routine inexplicable, nos gouvernants ne veulent pas employer nos consulats ni nos consuls à développer les affaires commerciales des négociants français, comme cela se pratique dans les consulats Anglais, Allemands, Suisses, Belges, etc., si bien que le commerce des pays ouverts d'Asie, Amérique, Europe et Afrique est fait presque sans la participation de la France et des Français, qui sont pourtant les premiers industriels par leur génie inventif, leur goût et la bonne fabrication de leurs produits.

La France n'a donc absolument aucun intérêt à rester aussi ouverte en ce moment.

Par ces motifs, — si la France veut maintenir encore quelque temps une situation relativement prospère à nos grandes industries chancelantes, il faut qu'elle reprenne résolûment ses anciens tarifs douaniers et qu'en compensation, elle abaisse les droits d'entrée exagérés de toutes les denrées alimentaires de première nécessité dans les grandes villes.

C.

Secondement

Grâce à la facilité des transports dont les voies ferrées nous ont dotés, la révolution agraire qui s'accomplit depuis 70 ans par la division de plus en plus accentuée des propriétés rurales, fait élever constamment la valeur des denrées alimentaires.

Il s'ensuit que :

L'argent que les producteurs des villes donnent aux campagnes en échange des fruits du sol et animaux nécessaires à la subsistance de leurs habitants, ne leur est rendu qu'en très petite quantité au moyen de l'achat de leurs produits industriels.

Par la raison que :

Le cultivateur ne consomme généralement pas beaucoup plus en un temps que dans un autre, ce que le cultivateur gagne en supplément de ses dépenses par l'élévation de plus en plus exagérée des prix de chacun des produits alimentaires, est employé par lui à augmenter sa propriété rurale.

Ne repoussons pas la révolution agraire qui s'accomplit lentement mais sûrement dans notre pays grâce à la liberté de la propriété, *bien au contraire*, car il faut comprendre que l'outil doit être à la disposition de celui qui s'en sert, c'est-à-dire que la terre doit appartenir un jour à celui qui l'a cultivée. *Mais il faut désirer que:* par une forte organisation communale, cette révolution logique et rationnelle s'accomplisse sans opprimer et appauvrir les basses classes de la France comme elle le fait aujourd'hui.

La révolution agraire qui s'opère peu à peu, quoique excellente au point de vue de l'avenir des sociétés, fait donc réellement un mal énorme à la France :

1° A notre industrie en général à laquelle elle prend ses ressources qu'elle ne lui rend pas ou qu'elle lui rend très peu par l'échange.

2° Aux journaliers des cantons ruraux qui vivaient beaucoup mieux autour des grandes propriétés rurales qu'autour de la propriété divisée, mais non organisée.

———

Voici l'enseignement économique résultant des deux constatations générales ci-dessus.

Les grands changements dans les intérêts sociaux doivent se faire sous la direction des intéressés, syndiqués à cet effet, sous peine de désordres, de ruines et même de révolutions.

7°

Espérances.

La France moderne a jusqu'ici essayé de toutes les formes gouvernementales, mais ses gouvernants n'ont jamais voulu permettre aux populations de se réunir légalement pour s'occuper du fonds social sur lequel s'agitent les divers intérêts; — aucune forme gouvernementale n'a donc réussi, mais il ne faut pas douter que, si l'ancienne monarchie a tant duré, c'est qu'un ancêtre de ses rois avait eu la sagesse de lui donner pour base l'organisation professionnelle dans les villes et bourgs de tout le pays.

L'organisation professionnelle vivifie les forces d'une nation.

Par exemple, la France n'aurait pu avoir une Jeanne d'Arc victorieuse, si ses villes et bourgs n'avaient pas été organisés professionnellement.

Sans l'organisation professionnelle des villes et bourgs, les populations du XVᵉ siècle se seraient repliées en bon ordre comme celles de 1870-71, au lieu de suivre au combat l'héroïne française.

Les Puissances Étrangères sont dans un état de décomposition plus avancé encore que ne l'est la France, parce que, au contraire de notre pays infiniment plus riche et dont les habitants sont plus industrieux, la misère populaire se ressent davantage chez elles, en ce qu'il y a moins de ressources pour lui résister.

Les éléments de dissolution de notre vieux monde représentent donc un fait matériel, exact comme un chiffre et dont il est extrêmement facile de constater l'état actuel par doit et avoir. — Néanmoins, il est temps encore pour la France de se sauver des guerres civiles et étrangères qui vont ensanglanter le monde dans des proportions inconnues jusqu'à ce jour.

La France peut encore se sauver des boucheries d'hommes qui vont avoir lieu ; — mais, pour que cela lui soit possible, il faut qu'elle organise immédiatement chez elle *le règne des collectivités*; c'est là l'unique remède à apporter au mal chronique qui dévore peu à peu notre génération.

L'exemple serait suivi, parce que la France est véritablement la nation-soleil, c'est-à-dire celle ayant plus que toutes les autres les qualités nécessaires pour produire, la première, les fruits du règne de la justice.

Toute la question est de savoir si la fin du vieux monde, qui va arriver, sera précédée des massacres annoncés par les prévisions antiques et modernes, ou bien si la sagesse des gouvernants actuels évitera ces horreurs à l'humanité.

Le peuple français est absolument prêt depuis longtemps à recevoir le grand bienfait social ; son bonheur dépend donc complètement de ses classes dirigeantes.

Nous espérons encore que ce résultat sera obtenu prochainement, parce qu'il a été dit que le règne de la Justice (*qui est celui des collectivités*) viendrait sans éclat.

8°

LE GOUVERNEMENT PATRIARCAL
OU DES COLLECTIVITÉS.

> L'organisation col-
> lective discipline tous
> et chacun des pères de
> famille d'une société
> par l'esprit de corps et
> la mutuelle assistance.

A.

Exposé

Le règne des collectivités est essentiellement fraternel en ce qu'il comporte l'organisation des intérêts communs à tous les hommes (1) ; or, la base équitable des relations étant de faire aux autres ce que l'on voudrait qui vous fût fait, l'organisation qui doit mettre en pratique le prin-

---

(1) L'organisation des intérêts communs est la seule foi morale approuvée par la nature. En effet, lorsqu'un candidat à la députation veut expliquer aux électeurs comment il comprend les principes de gouvernement, il appelle cette déclaration **ma profession de foi.**

4

cipe de cette théorie rationnelle, représente la mise à exécution de l'esprit des lois de la nature.

Le règne des collectivités doit associer les intérêts communs aux pères de famille de la nation dans de grandes familles d'intérêts professionnels fédérées entre elles par cantons, villes, départements et nations, enfin, plus tard, par nationalités.

Le grand philosophe a dit à ce dernier sujet, qu'un jour, *toutes les brebis entendront sa voix, et alors il n'y aura plus qu'un seul berger et qu'un seul troupeau.*

Le troupeau unique sera formé par les peuples civilisés du monde, lorsqu'ils auront fédéré entre eux les intérêts qui leur sont communs. *Quant au berger,* il sera ce qu'il est dès aujourd'hui pour les hommes désirant respecter et protéger les intérêts de leur prochain, à condition que leur prochain respecte et protège également les leurs.

Le berger du monde sera le principe de la réciprocité collective.

Alors, les guerres et la discorde entre les hommes ne seront plus possibles; — par suite, la servitude des peuples ne pourra plus se réorganiser périodiquement par la force brutale.

Le seul principe républicain est le règne des collectivités, en ce que, dans ce système de société, les intérêts des cités sont dirigés par les intéressés eux-mêmes.

Lorsque les hommes auront organisé leurs relations d'intérêts, le bonheur viendra habiter parmi eux, il s'assiéra définitivement au foyer de chacun des travailleurs laborieux au lieu et place de la hideuse misère, qui, sous le règne sauvage du privilège, est toujours prête à frapper à la porte des producteurs de chacun des degrés de l'échelle sociale, sous la forme du besoin, de la maladie, de la faillite ou de la révolution.

De par la société patriarcale, les multiples entreprises des hommes seront donc couronnées par le succès.

Voici pourquoi :

L'union et l'unité des forces étant les principes fondamentaux de l'harmonie et de l'équilibre dans les actes de la nature, elles dotent de la réussite chacune des relations d'intérêts qui se mettent sous leur patronage.

B.

Tout obéit à l'intérêt.

La nature est un immense faisceau de gerbes

d'intérêts proportionnels ayant chacun le même but : *le progrès par le bien-être.*

En se plaçant au point de vue philosophique, — les penseurs sérieux repoussent les formules dont les habiles se servent depuis des milliers d'années pour gouverner à leur profit les intérêts des populations, — puis, les penseurs sérieux déclarent généralement que :

L'égoïsme naturel motivé par les besoins est le seul mobile des actions humaines.

Le devoir des classes dirigeantes consiste donc à favoriser l'organisation des égoïsmes différents, afin d'éviter les batailles d'intérêts publics et privés qui ruinent et minent lentement les sociétés humaines.

Au lieu de pratiquer ce principe fécond, les dirigeants ont à peu près généralement mérité jusqu'ici d'être blâmés en ces termes :

Toute agrégation sociale, malgré son but avoué de poursuivre le bien de l'ensemble, n'a été, jusqu'à ce jour qu'une association léonine, dans laquelle la grande masse des actionnaires a été trompée, dupée, enfin exploitée par son conseil d'administration.

En d'autres termes, les peuples ont été les jouets constants de leurs castes dirigeantes.

Voyons dans quel esprit ces castes ont de tout temps opéré pour leur intérêt exclusif.

C.

Les Discours et les Chants.

L'organisation des besoins, c'est-à-dire des égoïsmes (1), s'appelle scientifiquement la société patriarcale ou des collectivités.

Ce système de société est absolument supérieur aux autres, en ce que, à l'image de la nature, le règne des collectivités **est seulement pratique.**

Les divers systèmes de sociétés ont commencé par être pratiques, puis, la théorie de leur pratique économique a été ensuite purement et simplement chantée dans les temples ou inscrite dans des chartes; — le premier recueil de ces chansons hypocrites s'appelle le Rig-Veda, il a pour auteurs les très anciens *Manous*

---

(1) L'égoïsme est mauvais lorsqu'il est satisfait pour quelques-uns au détriment des autres, mais lorsque les égoïsmes sont proportionnellement satisfaits par l'organisation de toutes les mutualités, une société ainsi établie représente la véritable justice distributive dont on retrouve l'esprit dans la nature.

de la décadence indoustane ; — certains religionnaires sont même arrivés, depuis les Manous
Indiens, à chanter les théories soi-disant sacrées
en langues étrangères, afin que, malgré la
corruption des textes primitifs, les populations ne
puissent pas comprendre le peu de sens social
qu'il y restait encore.

Ce fait a été certainement visé par ce mot
profond de Beaumarchais :

Et tout finit par des chansons.

Ce n'est pas que les cléricaux civils et religieux détestent les beaux principes, bien au
contraire, car ils adorent les enseigner, les
prêcher et les chanter dans de beaux psaumes
et discours, mais pourtant, à la condition
expresse que les beaux principes de la nature
ne soient pas mis collectivement en pratique
par le peuple.

* *
*

Voici en quels termes Iezeus Kristna, le
grand socialiste de l'Inde antique, constatait
(*environ quatre mille sept cent soixante-dix ans
avant notre ère*) la condamnation des religionnaires de son temps, qui se contentaient déjà
depuis longtemps de chanter et prêcher la
théorie des devoirs économiques prescrits dans

les premiers vedas, au lieu d'en diriger la pratique générale.

« *Un homme riche du pays de Mithila avait engagé de nombreux corvas* (travailleurs) *pour faire sur ses terres la récolte du Nelly* (riz) *et du menu grain.*

» *Tous les corvas (1) reçurent du Gomasta* (intendant) *une portion égale de champ à moissonner.*

Malgré la différence du travail accompli par chacun, le maître donna les mêmes salaires aux corvas qui avaient travaillé autant que leurs forces le permettaient.

» *En voyant comme cet homme était juste et bon, quelques Rhodias* (vagabonds) *s'approchèrent et réclamèrent aussi une part.*

» *Avez-vous donc aussi travaillé à la moisson ? leur demanda-t-il.*

» *Et ils répondirent : Maître, nous ne savons point manier la faucille, mais nous avons encouragé les corvas au travail en chantant tes louanges et celles des Dieux.*

» *Et le maître dit à son intendant :*

---

(1) Corvas est un mot qui veut dire ouvrier, et d'où vient celui de corvée, signifiant, autrefois, travail obligatoire.

» *Donnez à ces gens cinquante manganis de riz pour leur repas du soir. Celui qui, comme l'oiseau, ne fait que chanter quand les moissons jaunissent dans les plaines, comme lui reçoit sa nourriture, mais il n'a droit à aucun salaire; — ce ne sont pas les chants qui rentrent les grains dans les dwastras (réserves).*

» *Je vous le dis, habitants de Madoura, Gokoulam, Brahmawarta et autres lieux, et répétez cela à vos proches, à vos amis, aux voyageurs que vous rencontrerez sur votre route, afin que la parole de celui qui m'a envoyé soit connue de la terre entière.*

» *Vous recevrez votre salaire comme les corvas ont reçu le leur.*

» *On ne peut demander à la buflonne le même travail qu'à l'éléphant;*

» *A la tortue la même agilité qu'à la biche;*

» *A l'oiseau de nager, au poisson de s'élever dans les airs.*

» *On ne peut exiger de l'enfant la sagesse du père.*

» *Mais toutes les créatures vivent pour un but, et celles qui accomplissent dans leur sphère ce qui* est, *a été* et sera toujours *prescrit* **par les lois naturelles,** *se transforment et s'élèvent* plus facilement que les autres, *en suivant toutes les séries de migration des êtres.*

» *La goutte d'eau qui renferme un principe de vie que la chaleur féconde peut devenir un Dieu.*

» *Mais sachez-le tous, nul d'entre vous n'arrivera à s'absorber dans le sein de Brahma par la prière seulement, et le mystérieux monosyllabe (1) n'effacera vos dernières souillures que, lorsque vous arriverez sur le seuil de la vie future chargés de bonnes œuvres, et les plus méritoires parmi ces œuvres seront celles qui auront eu pour mobile l'amour du prochain.*

» *Sanctifiez votre vie par le travail, aimez et secourez vos frères, purifiez votre corps par les ablutions et votre esprit par l'aveu de vos*

---

(1) Ainsi que je l'ai déjà expliqué dans le précédent chapitre, le mystérieux monosyllabe védique était le mot **aum;** — ce mot secret était formé par deux syllabes; — A, c'est-à-dire alpha ou aleph, qui signifie en sanscrit, en hébreu et en grec : commencement de toute chose. — Or, le commencement de toute chose est LE FEU, puis UM, qui veut dire EAU ou plutôt, vapeur d'eau; — comme on le voit, le mystérieux monosyllabe de l'époque du paradis terrestre, que tout homme doit encore vénérer et répéter avec respect, c'est le père et la mère universels, c'est-à-dire LE FEU ET L'EAU, dont toutes choses sont formées.

fautes, et attendez sans crainte l'heure de la transformation suprême.

> (Extrait du *Hari Pourana* ou *Histoire des Incarnations de Vischnou*, livre sacré du Brahmanisme de l'Inde antique.)
>
> (*Parabole dans la Forêt déserte.*)

Instruction. — La nature n'a pas de théorie; dans la nature, en effet, tout est pratique, — par ce motif : celui qui, à un point de vue quelconque, transforme les théories sociales en chants pour les prêcher par sermons ou discours, est prêt à en imposer les devoirs par des lois ou canons, conformément à ses intérêts, c'est-à-dire au profit de sa domination temporelle.

Ainsi que l'a si bien dit le socialiste **Ieseus Kristna**, le chanteur de théories ne mérite aucun salaire.

D.

Mœurs et intérêts des deux familles sociales.

La corruption des mœurs dont l'exemple vient toujours du haut des sociétés produit naturellement la servitude des peuples, — voici pourquoi :

1° La liberté collective représente la lumière apportée dans chacune des relations sociales; or, ce qui se corrompt déteste la lumière.

2° Ce qui se corrompt aime en quelque sorte l'esclavage des droits, ayant pour compagne obligée la licence individuelle, que les corporations gouvernantes civiles ou religieuses se hâtent de tolérer partout, afin de diviser pour régner.

La nature a imposé à la famille consanguine une dualité fonctionnelle, sans le concours de laquelle la famille du sang ne rencontre que mal, malheur et maladie;

En un mot, de même qu'un homme seul ne peut rien reproduire familialement, la famille consanguine seule ne peut rien produire de bon socialement.

Dans la pratique, ce complément obligé de la famille du sang est l'organisation collective, — scientifiquement, il se nomme la seconde famille de l'homme en société, la famille des intérêts communs, la famille professionnelle, ou, par un mot qui en résume entièrement l'esprit pratique : *le règne des collectivités.*

Les relations légales des deux familles sociales

ont pour fruit, c'est-à-dire pour troisième personne, *le progrès indéfini*, dont leur union assure la marche journalière, rationnelle et triomphante.

***

L'intérêt collectif de chacun des enfants de l'humanité est représenté par l'organisation de tous les intérêts dans la famille professionnelle;

Tandis que le côté matériel des intérêts fictifs que les hommes règlent entre eux au moyen des lois imposées par la force brutale, représente purement et simplement la bataille générale de ces mêmes intérêts.

Ces deux situations économiques indiquent, en peu de mots, pourquoi — les sociétés physiocratiques marchent forcément à la transformation incessante par les procès, les guerres, invasions et révolutions continuelles, tandis que les sociétés administrées par les pères de familles représentent la vitalité, la vie, enfin la longévité indéfinie.

E.

Réciprocité.

La réciprocité, principal devoir des relations humaines, est imposée par la nature aux hommes

commençant à comprendre leurs intérêts véritables; — enfin, elle représente la seule conduite capable de mettre dans une honorable
situation le compte courant moral et matériel
de chacun des hommes de bonne volonté.t

Plus l'homme avance en intelligence, plus ses
besoins se multiplient; — s'il n'en était pas ainsi,
le progrès par la transformation qui forme la
base de la vie générale n'existerait pas.

*
* *

Dans un but d'affranchissement du peuple tenu
en servitude par les besoins, Diogène a voulu
démontrer aux populations de son temps *(en
cassant son écuelle et buvant dans sa main)*
que la plupart des besoins de l'humanité étaient
fictifs.

La tempérance que Diogène visait dans une
pensée de liberté est certainement une excellente
chose; — néanmoins l'observation d'une intelligente tempérance n'empêche nullement le légi-
time usage des objets que le génie de l'homme
produit constamment à nouveau, en arrachant
peu à peu les secrets artistiques et scientifiques de la nature.

Voici le raisonnement logique et résumé de
ce sujet :

Les besoins de l'homme grandissent successivement, et cela en proportion exacte avec son génie producteur.

<center> *</center>

Pour protéger la satisfaction de ses besoins moraux et matériels, l'homme est naturellement obligé de demander le concours de son prochain, auquel il offre en échange *la réciprocité sous toutes les formes;* — la réciprocité représente donc l'esprit pratique du principal contrat social reconnu par la nature.

Dans une société bien organisée par la famille des intérêts, les besoins obligent en quelque sorte chacun des hommes à se dire tous les jours :

Quel service pourrais-je bien rendre matériellement à mon prochain, afin d'avoir droit à la réciprocité proportionnelle, effective ou représentative (1)?

De cette situation légale des relations d'intérêt, découlent naturellement le travail et l'instruction organisés, puis, les transactions

---

(1) La famille professionnelle peut seule organiser la pratique de ce questionnaire, ainsi que la réponse effective qui doit lui être toujours faite.

honnêtes du commerce et de l'industrie, soutenues et protégées au moyen des immenses ressources que donne la mutualité.

* *

Par contre, dans une société imparfaitement organisée il existe une foule de citoyens déclassés qui, travestissant chaque jour le questionnaire ci-dessus, se demandent les uns les autres :

Quels services pourrions-nous bien avoir l'air de rendre à notre prochain, afin de pouvoir lui soutirer plus ou moins légalement son argent ?

De là, les sociétés et spéculations hasardées qui engloutissent les épargnes des populations.

Comme on le voit :

Les relations d'intérêts des hommes et des sociétés humaines sont peu à peu dirigées soit à droite soit à gauche, c'est-à-dire soit au mal soit au bien, par la nature même des principes économiques en faveur, qui permet et favorise plus ou moins la mise à exécution de ces deux manières si différentes d'interpréter la grande loi naturelle des transactions.

F.

Solidarité.

Lorsque les hommes connaîtront bien l'excellence des lois naturelles de la solidarité qui impose la réciprocité dans chacun des actes publics et privés, — les sociétés poseront alors le principe suivant parmi l'énoncé des droits naturels de l'homme civilisé.

Lorsqu'un homme souffre de la faim, du froid ou de la misère dans une nation, — chacun des citoyens qui connaît ce fait regrettable doit se dire :

Ce que souffre ce citoyen dénonce un grand vice, soit dans l'instruction, l'éducation ou l'organisation sociale de notre nation; — vice qu'il faut attaquer dans sa source, car, les mêmes accidents pourront se produire et se multiplier un jour ou l'autre dans l'avenir contre d'autres citoyens de mon pays et peut-être contre moi-même.

Précisons le principe vital de la loi de répartition :

Lorsqu'un homme ou une société est complétement parvenu à avoir la force de conformer ses actes à l'esprit des lois universelles, — la

*nature devient son associée par sympathie;
alors cet homme ou cette société dispose des
biens de sa riche associée pour l'intérêt général
de l'association.*

* *
*

En fait, le citoyen dont les intérêts sont divisés par le règne des privilèges est obligé de
suivre ses instincts animaux et de repousser
les généreuses inspirations de la nature : isolé
par les lois, il a l'obligation de se protéger
lui et les siens : — c'est pour cela que l'homme
est si rapace et qu'il cherche à amasser, même
ce qui n'est pas à lui, — les moyens les plus
blâmables lui paraissent bons pour remplir
cette obligation, que la société semble lui imposer comme un devoir;

Tandis que l'homme des sociétés collectives
ayant son avenir protégé par les assurances
mutuelles, peut librement et sans aucun danger
pour la sécurité journalière de sa famille, donner cours aux aspirations élevées de son esprit
et de son cœur.

Ces deux situations sociales sont aussi différentes pour l'avenir des hommes et des sociétés
que les ténèbres et la lumière le sont pour un
spectateur.

8

De ces diverses constatations il résulte que :

1° Le règne des privilèges ouvre les portes du mal et ferme presque entièrement celles du bien;

2° Le règne des collectivités ferme les portes du mal et ouvre à deux battants celles du bien.

G.

Évènements prochains.

Avant ou après les grandes guerres civiles et étrangères qui se préparent; le règne des collectivités s'organisera simplement et sans éclats — parce que ce genre de société ne change rien dans les situations de fortune des citoyens, sinon qu'il les améliore toutes par les bienfaits de la mutualité.

Lorsque ce règne équitable sera organisé au sein de la société française, voici ce qui se produira :

1° Le fonctionnement des intérêts communs et généraux sera collectif au lieu d'être individuel.

Ce simple changement contient la marche certaine et définitive du progrès indéfini.

2° Les intérêts privés des citoyens resteront

irrévocablement circonscrits dans la famille
consanguine comme ils le sont actuellement
chez les peuples civilisés, mais les intérêts privés
de chacun d'eux seront largement et proportionnellement bonifiés par les innombrables largesses
que donne l'organisation des intérêts communs
et généraux, dirigés et administrés par les intéressés eux-mêmes, fédérés à cet effet.

9°

INSTRUCTION
SUR LA PREMIÈRE PARTIE DE CE CHAPITRE

A.

Le seul et vrai suffrage universel.

Qu'un homme soit rentier, propriétaire, agriculteur, commerçant, artiste, homme de science,
ou travailleur de n'importe quel métier, etc.,
cet homme représente toujours un intérêt producteur spécial.

Il s'en suit naturellement que :

Les hommes ou pères de famille de la même
profession représentent un seul et même intérêt
social lorsqu'ils sont réunis.

— Au contraire,

Si les citoyens d'une ville ou d'un canton (*qui ont pour ainsi dire chacun une profession variée, c'est-à-dire des intérêts communs différents*) étaient assemblés pour discuter, ils ne parviendraient jamais à s'entendre, parce que chacun d'eux parlerait une langue différente d'intérêts ; leurs discussions représenteraient donc celles qui ont eu lieu pour la construction de *la tour de Babel.*

Voici la conséquence de ce fait :

Le mandat syndical et professionnel est conforme à l'esprit des lois de la nature.

Tandis que le mandat politique est un blancseing qui engage le mandant, mais qui n'engage nullement le mandataire.

Le suffrage universel dans la profession est donc le seul véritable.

Mais le suffrage universel actuel de par lequel tout le monde vote pêle-mêle, est l'organisateur légal de la servitude populaire, par la raison bien simple que le mandataire représentant tout le monde, ne représente par le fait que lui-même.

Enfin, l'un est la collectivité, c'est-à-dire le bien ; l'autre, le règne du privilège individuel, c'est-à-dire le mal.

B.

Conséquences de ces deux systèmes de société.

Au moyen des libertés collectives, le peuple souverain tout entier reste le seul maître de ses forces, de sa fortune, c'est-à-dire de ses multiples destinées.

Chacun des délégués populaires étant nommé par ses confrères professionnels, est par conséquent intéressé à venir constamment s'inspirer auprès d'eux. — Mais ce qui rend le contrôle national fatal et brutal comme un chiffre, c'est que, dans ce règne moralisateur, chacun des délégués du peuple a la même nature d'intérêts présents et futurs que ceux de chacun de ses mandants.

Sous le système du privilège, au contraire, les gouvernants ont leurs intérêts privés en opposition complète et constante avec ceux des gouvernés.

Ce fait représente le principal vice de ce règne, qui est en réalité celui de la conquête et des conquérants.

Le règne des privilèges se résume ainsi :

Un peuple conquis législativement par la divi-

sion légale de ses intérêts, puis, maintenu dans cette situation par les armées permanentes, voit chacun de ses membres individuellement libre d'exploiter et de faire valoir sa fortune morale ou matérielle par le travail ou la spéculation, à la condition de rester seul responsable et de payer un tribut à ses corporations gouvernantes. — Mais, ce qui caractérise le mieux l'état légal de la conquête législative d'un peuple, c'est que le tribut payé par les citoyens à leurs conquérants sous forme d'impôts de toute nature, est établi par la corporation gouvernante elle-même, selon ses besoins ou ses caprices.

Les corporations gouvernantes de l'individualisme n'ont donc aucune des responsabilités du travail et des propriétés d'un pays; malgré cela elles possèdent le droit absolu de toucher la plus notable et la plus liquide partie de leurs revenus de toute nature.

La servitude sociale résumée ci-dessus est exactement celle sous laquelle est courbé le peuple des industriels, propriétaires, travailleurs et commerçants français depuis 87 ans, c'est-à-dire depuis que le droit de réunion professionnelle lui a été enlevé par la constitution de 1791.

En fait :

Les déclassés, intrigants et ambitieux de la fin du siècle dernier ont accompli la grande Révolution contre les intérêts du peuple entier, mais encore bien davantage contre les intérêts des classes moyennes et ouvrières que contre ceux de la noblesse : — ils ont, en effet, rétabli et indemnisé plus tard cette dernière avec le milliard des émigrés, payé par les industriels, commerçants, travailleurs et petits propriétaires.

C.

L'union seule fait la force.

Les terribles conséquences de la servitude volontaire résumées dans la première partie de ce chapitre sont l'œuvre de la désunion des populations et de leur division en castes *(qui forment les partis politiques).*

Par ces motifs, les citoyens convaincus de la vérité sociale doivent dire à chacun des contribuables avec lesquels ils sont en relations de famille, de travail ou d'affaires : « Pères de » famille de toutes les classes de la société,

» *nos intérêts généraux sont identiquement les*
» *mêmes;* il faut donc nous unir de cœur en
» demandant d'une seule voix le droit de réu-
» nion professionnelle; — et cela, au nom des
» principes vivifiants de la mutualité.

» N'oublions pas que, les privilégiés ne peu-
» vent nous tenir en servitude par les moyens
» politiques que grâce aux divisions d'intérêts
» factices habilement entretenues entre nous par
» les politiciens. »

La servitude sous laquelle les pères de famille français sont volontairement courbés représente le plus grand élément de ruine sociale
qui existe.

Aux constatations ci-dessus je vais joindre la
puissance de raisonnement que donnent les
chiffres, pour démontrer par des faits indiscu-
tables que la faillite atteint tôt ou tard, mais
fatalement, les nations dont les intérêts ne sont
pas dirigés par les intéressés eux-mêmes, syndiqués et fédérés à cet effet.

BILAN FINANCIER

DE LA FRANCE

DEUXIÈME PARTIE

LA SYNTHÈSE

1°

L'ARGENT ET L'EMPLOI DES IMPOTS.

A.

D'après les principes économiques professés
par les législateurs de l'extrême antiquité, la
plus froide raison et l'équité la plus banale,
— l'universalité des impôts d'un peuple représente son épargne générale, qu'il a, par conséquent, le droit et le devoir d'administrer lui-
même.

Afin de conserver et même de développer les
épargnes d'un peuple, la plus saine économie
pratique commande impérieusement à une société d'améliorer et entretenir en un bon état
moral et matériel chacun des éléments producteurs du pays, qui sont :

1° Les Industriels ;

2° Les Commerçants ;

3° Les Propriétaires ;

4° Les Travailleurs.

Le bonheur, ainsi que la continuation indéfinie de la prospérité d'une nation est à ce prix.

De par ces principes naturels, les taxes, contributions et impôts qui forment chaque année
l'épargne d'un peuple, doivent être utilisés,
savoir :

A garantir, par la mutualité, le lendemain
des contribuables en proportion exacte avec les
impôts généraux qu'ils payent, et cela sans
ristourne quelconque au profit de ceux qui n'en
auraient pas eu besoin.

*Le lendemain de chacun des contribuables se
compose :*

A. De sa santé, dont le soin doit être garanti par une caisse spéciale dans chaque ar-

rondissement, et par un corps médical élevé
à l'état de sacerdoce pour la France entière.

B. Du lendemain de sa famille par l'assurance de ses moyens d'existence au profit de
sa veuve et ses enfants, ainsi que de la sûreté
d'une pension pour les vieux jours du père de
famille laborieux, qui a toujours payé régulièrement ses impôts lorsqu'il était valide et en bonne
santé.

C. Du lendemain des enfants, par l'instruction et l'apprentissage gratuits et obligatoires;

D. Des assurances contre l'incendie et sur
la vie, des pertes du commerce, des récoltes et
revenus perdus par accidents, c'est-à-dire en
dehors de l'intention des contribuables, etc.

———

Les travaux d'utilité générale, la défense
nationale, ainsi que la police des voies publiques,
sont exécutés sur les impôts fonciers payés par
les pères de famille des corps d'arts et métiers,
fédérés dans chaque cité et département, et dont
les groupes sont fédérés dans la capitale par le
syndicat national.

Les industriels, commerçants, travailleurs et
propriétaires retirés de la gestion des intérêts
professionnels de leur famille et choisis par les

syndics des chambres industrielles, seront les plus excellents fonctionnaires publics que l'on puisse trouver.

En ce que, et comme je l'ai dit bien souvent :

1° Dans le règne des collectivités, chacun a le droit et même le devoir d'administrer ou de faire administrer fédérativement les intérêts généraux de sa cité, de son département et de son pays, dans la proportion exacte des intérêts producteurs qu'il y possède.

2° Celui qui a bien su diriger la gestion des intérêts de sa famille et conduire avec intelligence ses affaires, est naturellement plus apte qu'aucun autre pour administrer les intérêts de sa nation.

3° Le citoyen retiré étant généralement dans une position aisée, donnera avec bonheur son temps et son intelligence pratique pour les affaires de sa patrie, occupations qui lui acquerront l'honneur effectif de la reconnaissance nationale.

Les gens riches ou même simplement aisés ne profiteront presque jamais des participations de leur famille à l'assistance générale et mutuelle à laquelle le paiement de leurs impôts leur donnera pourtant droit.

Il s'ensuivra que

La part des contributions affectée au soulagement des accidents, maladies et garanties du lendemain de toute nature qu'impose la mutualité, sera tellement supérieure aux besoins des citoyens, citadins ou habitants des campagnes de la France, que des réserves de plus en plus importantes seront faites chaque année, — lesquelles constitueront une épargne supplémentaire de prévoyance, épargne qui facilitera les entreprises du travail au moyen du prêt sur hypothèque à bas intérêt.

B.

L'emploi de l'impôt par les intermédiaires.

La généralité de l'épargne annuelle d'un peuple qui est l'impôt, étant établie selon le bon plaisir d'une corporation gouvernante et confisquée au profit de qui bon semble à cette dernière, représente un état social des temps barbares, c'est-à-dire, du temps où les conquêtes d'un peuple par un autre motivaient des contributions écrasantes dont le vainqueur accablait le vaincu.

Par le bilan financier de la France moderne, nous allons nous rendre compte de la plupart des calamités qui atteignent toujours un peuple que l'on a dépouillé du droit de diriger ses propres affaires, et d'administrer comme il l'entend le montant de son épargne générale et annuelle que l'on appelle les taxes, impôts et contributions directes ou indirectes.

C

La maladie de l'Argent.

La France souffre d'un virus social que lui a inoculé l'individualisme ; — cette maladie est représentée à la fois par l'anémie et la pléthore.

La pléthore d'argent est, du reste, une maladie des sociétés, au même titre que la pléthore de l'activité vitale est une des plus dangereuses maladies des plantes et même du corps humain.

« *La pléthore des plantes est due à une ali-*
» *mentation trop abondante, qui leur empêche*
» *de porter des fleurs et des fruits.* »

(Encyclopédie. — Botanique.)

La pléthore des sociétés est due au débor-

dement des passions et à l'obéissance aux appétits matériels.

De même qu'aux plantes, l'alimentation maté-
rérielle trop abondante des membres de toutes
les corporations privilégiées empêche les sociétés de porter des fleurs et des fruits.

L'exagération des appétits matériels vient de
notre système social ; — parce que, à l'inverse
de l'esprit de la famille, ce système de société
pose l'égoïsme individuel en vertu civile, au
lieu et place de l'égoïsme collectif.

En tant qu'instrument légal de l'exploitation
nationale, le règne du privilège a pour spécialité principale de diviser les intérêts par le despotisme de l'argent, — puis, et comme conséquence, de mettre les intérêts privés des gouvernés et des gouvernants en opposition absolue.

Par exemple, plus les impôts sont forts, plus
les gouvernants sont riches et les populations
malheureuses.

La France s'est accoutumée petit à petit à
payer les taxes énormes dont elle est écrasée.

Et pourtant,

Lorsque Necker vint déclarer le 5 mai 1789
aux États Généraux assemblés, que le budget

des dépenses de la France montait pour 1790 à environ 450 millions de francs, savoir :

Contributions directes de toute la France y compris les dîmes et assises sur l'ancien territoire français. . . . . . . Fr.   356.000.000

Contributions indirectes, oc-. trois, douanes, etc., et autres revenus 94.000.000

Total . . . . . . Fr.   450.000.000

Un murmure d'indignation parcourut alors les rangs de cette assemblée physiocratique.

Et pourtant, ces mêmes hommes ont dévoré plus tard la presque totalité de la valeur des biens-fonds de notre pays, devenus biens nationaux par le départ de leurs anciens détenteurs, — puis, ils ont fait faillite des deux tiers de la dette nationale et de trente milliards de francs d'assignats.

Ensuite, les gouvernants-successeurs des membres de cette assemblée si faciles à s'indigner, ont fait monter peu à peu ce même budget général de la France à environ six milliards de francs. Quatre milliards pour l'État et deux milliards environ pour les villes, départements et communes; — ils ont contracté depuis une dette de trente milliards, tant pour l'État que pour les villes, communes et départements ; — ces trente milliards ont été gaspillés en supplément de tous les budgets dans le cours de soixante années.

Et la France ne dit rien, elle ne semble pas indignée, elle reste muette et paraît atrophiée.

Cette immense indifférence du peuple français pour des intérêts qui sont pourtant bien les siens mais auxquels il ne paraît pas songer, vient de la division et de la désunion des citoyens, qui, étant tous parqués de par la loi dans leurs intérêts privés, ont le sens social égaré par l'égoïsme individuel.

Le cœur navré, il faut donc constater que :

L'individualisme a presque entièrement perdu, en France, ce bel esprit public formé par les générations corporatives, dont les descendants ont fait la Révolution française, vaincu l'Europe pendant vingt-cinq ans, et fourni ces savants et énergiques fonctionnaires du premier empire dont la race semble être perdue.

De même que les frais généraux exagérés d'une maison industrielle, l'énormité de nos budgets est évidemment un élément considérable de corruption, de démoralisation et de ruine pour notre pays, — de plus, l'argent drainé ainsi dans les

coffres de l'État par les contributions de toute
nature, représente en réalité un grand danger
politique : — cela veut dire que, lorsque l'argent
de tout le monde est aggloméré dans quelques
mains privilégiées, il produit fatalement et peu
à peu des congestions sociales appelées révolutions et invasions, dont les dernières et plus
terribles sont prévues par les penseurs sérieux
et les gens prévoyants.

*
* *

Il y a des personnes qui disent :

Puisqu'il y a beaucoup d'argent dans les Banques et chez les riches particuliers, c'est là
un signe évident de la prospérité de notre pays.

Le contraire de ce raisonnement est la vérité.

Conventionnellement, l'argent est le sang des
sociétés.

Or, quand le sang circule bien dans le corps
et les membres d'un homme, cet homme se
porte bien.

— De même, quand l'argent d'un peuple circule bien par le travail et les échanges dans
les organes de la société, ce peuple est fort
et bien portant.

— Au contraire,

Lorsque le sang d'un homme s'agglomère au cœur, à la gorge, aux poumons, à la tête, ou auprès de chacun des autres agents directeurs de son corps, cet homme est faible, malade et languissant, parce qu'il est congestionné au moyen du sang qui s'arrête à certaines places au lieu de circuler dans tout son être.

La plus grande partie de l'argent d'un peuple aggloméré dans quelques mains, comme cela se produit fatalement au bout d'un certain laps de temps d'exploitation nationale par le système individualiste, représente donc des congestions d'argent dans le corps social de ce peuple, lesquelles congestions sont aussi dangereuses pour son corps collectif, que celles du sang le sont pour celui d'un homme et que la pléthore l'est pour les plantes.

D.

Physiologie de l'argent.

L'or et l'argent monnayés représentent un Fétiche universel qui a été nommé le Capital.

Les hommes des époques patriarcales de l'humanité primitive paraissent avoir connu le danger de la convention générale qui reconnaît le Capital-argent comme **le souverain matériel du monde**, puisqu'ils avaient des monnaies d'un poids tel, que leur emploi ne pouvait avoir qu'une étendue limitée et par conséquent ne pas nuire aux échanges de produits qui s'effectuaient sur tous les marchés de ces époques reculées (1).

Le Fétiche-Capital existe, il est universellement adopté, il faut donc s'en servir en dirigeant son emploi pour le bien-être de tous, mais en lui ôtant dans la mesure du possible la plus grande partie de ses éléments désorganisateurs, — puis, en développant ses principes vitaux.

En effet, puisque l'argent donne des maladies sociales aux peuples comme celle qui vient d'être constatée ci-dessus, c'est que l'argent est une force mal employée.

Au lieu de laisser l'argent être un souverain à puissance absolue, il faut, bien au contraire, se rendre compte de ce qu'il est réellement, et se dire :

---

(1) De nos jours encore, les navigateurs portent des étoffes, bijoux et verroteries qu'ils échangent dans les pays lointains contre des matières premières et des produits fabriqués de ces contrées.

**L'Argent n'est en réalité qu'un re-
présentant de convention des divers
biens que nous donne la Nature ainsi
que de ceux produits par le travail
Humain.**

Or, plus un représentant est actif, mieux il
sert les intérêts de ses maîtres; Exemple :

1° Une pièce de cinq francs qui passe en
huit mains dans une journée par les échanges
d'argent contre du travail ou des produits du
sol, vaut en réalité 40 francs au bout de cette
même journée;

2° Tandis que l'argent inactif, c'est-à-dire
celui qui est congestionné dans les coffres par la
mauvaise organisation des intérêts esquissée dans
ce chapitre, se dévore lui-même par la perte
des intérêts légitimes qui lui seraient dus, s'il
venait collaborer à la production nationale par
l'hypothèque, le prêt commercial et industriel,
l'escompte ou le compte courant.

Il en sera ainsi qu'il est dit dans le deuxième
point ci-dessus, tant que l'argent continuera à
servir purement et simplement de moyen d'exploitation des petits par les gros, au lieu de
devenir ce qu'il doit exclusivement être, c'est-
à-dire le représentant des forces productives
d'une Nation, forces qu'il doit toutes dévelop-

per proportionnellement à l'importance respective de chacune d'elles, au lieu de les détruire peu à peu et périodiquement par son inertie ou son despotisme.

La Physiologie réelle de l'argent étant établie en peu de mots ci-dessus, nous allons constater la marche progressive de son abus le plus considérable, qui est la contribution en espèces.

PROGRESSION

CONSTANTE

DE L'EXPLOITATION NATIONALE

PAR LES CORPORATIONS GOUVERNANTES

DE L'INDIVIDUALISME

A.

Ainsi que nous l'avons vu, le Budget général des dépenses annoncé à la tribune des États-Généraux le 5 mai 1789, montait au chiffre énorme de fr. 450.000.000.

De 1789 jusqu'à l'an VIII de la République française, les budgets n'ont rien de régulier, ils sont établis à des chiffres beaucoup trop bas, mais la vente des biens nationaux vient constamment combler le vide des dépenses qui montent en réalité à des chiffres fabuleux à partir de thermidor 1794, par les dilapidations des physiocrates purs arrivés au pouvoir sous le titre politique de : *les Thermidoriens;* lesquels furent appelés plus tard du nom qui convenait si bien à leurs qualités morales : *les pourris du Directoire*.

.*.

La Constitution de l'an VIII posa les bases d'une organisation générale administrative; les services financiers purent alors fonctionner et les moyens de contrôle surgirent pour les opérations financières.

Aux premiers mois de l'an IX la situation était des plus précaires.

Les ordonnancements sur des fonds présumés restaient sans effet par suite de la pénurie du Trésor, qui ne payait pas plus ses créanciers qu'il n'acquittait la solde de l'armée considérablement arriérée, — de même que les fonctionnaires et employés qui attendaient depuis longtemps le paiement de leurs appointements.

Du mécontentement et des plaintes des créanciers évincés, résultaient des atteintes d'autant plus graves qu'il y avait ignorance presque générale au sujet des ressources véritablement acquises aux exercices débiteurs.

Il fallut le despotisme du sabre pour mettre un peu d'ordre parmi les pillages de la fortune publique de cette époque de troubles. En effet, la loi du 3 frimaire an VIII créa une direction

générale chargée de la confection des rôles et
de la recherche des renseignements pour répartir les taxes ; — on lui dut la formation presque
immédiate de trente-cinq mille rôles, — établis
assez tôt pour que, cette fois du moins depuis
la Révolution, le recouvrement pût commencer
avec l'année même à laquelle les contributions
appartenaient.

Le service de l'an IX fut réglé de manière
à ce que les ressources qui restaient à rentrer
des années antérieures, continuassent d'appartenir sans distraction ni réserve aux créanciers
du service des mêmes années ; — tel fut l'objet
de l'arrêté des consuls du 18 fructidor an VIII,
— arrêté qui sépara entièrement l'an IX de ceux
qui l'avaient précédé.

Les exercices an V, an VI, an VII et an VIII,
présentaient un reste à recouvrer de 134 millions pour toute la République.

Bien qu'une forte partie de cette somme fût
dans le cas d'être acquittée en rescriptions sur
les biens nationaux à vendre, une loi du 5 ventôse an IX décréta la consolidation sur le pied
de 3 0/0 de la dette des ans V, VI et VII,
sans pouvoir excéder pour ces trois années
90 millions de capital et 2,705,000 francs en
rentes.

Quant au reste à recouvrer en l'an VIII
(44,000,000), la même loi ordonna sa consolidation sur le pied de 5 0/0, soit 44 millions, capital,
et 2 millions de rente.

Le budget de l'an IX fut établi sans aucune
attache avec les budgets antérieurs.

Recettes réelles (règlement définitif au 1er ven-
démiaire an XIV). . . . . . Fr. 549,994,457
Dépenses. 549,620,469

A partir de l'an IX, engagement contracté
par le Gouvernement de payer en numéraire la
totalité des dépenses, et de ne former aucun
arriéré.

BUDGET DE L'AN X

Recettes effectives . . . Fr. 500,162,666
Dépenses effectives . . . . : 499,937,895

BUDGET DE L'AN XI

Les dépenses se développent et leur budget
pour l'an XI est réglé définitivement
à. . . . . Fr. 632,279,523

BUDGET DE L'AN XII

Les rentes viagères et les pensions se développent ainsi que beaucoup d'autres dépenses

inutiles pour le peuple qui paie les impôts, si bien que le budget de l'an XII a été fixé à. . . . . Fr. 769,921,537

BUDGET DE L'AN XIII

Je n'ai pu me procurer les chiffres précis du budget de l'an XIII qui paraît être monté à. . . . . Fr. 684,000,000

Plus des ventes des biens nationaux que l'on peut évaluer à 31,948,510

Total . . Fr. 745,948,510

INSTRUCTION SUR LE BUDGET DE L'AN XIII

Quand l'on songe que ce budget est celui d'une année de grandes guerres qui se terminèrent le 2 décembre par la bataille d'Austerlitz et le 28 du même mois par le traité de Presbourg ; — que des armées considérables durent être équipées et soldées sur ce budget. — Quand l'on songe en outre que la France était la moitié plus grande qu'aujourd'hui et que les services de ses armées, les paiements des fonctionnaires et frais divers se sont soldés au moyen de 745,948,510 francs au maximum, on reste atterré de ce qu'aujourd'hui, en pleine paix, on soit arrivé à faire payer au peuple français pour l'État seulement plus de 3,700,000,000 de francs d'impôts de toute nature (1).

BUDGET DE L'AN XIV-XV (15 mois).

Dépenses générales arrêtées
à. . . . . Fr.   902,148,490

BUDGET DE 1807
(9 mois de grandes guerres)

Dépenses définitives. . . Fr.   731,725,686

BUDGET DE 1808

Dépenses définitives. . . Fr.   668,000,000
Services généraux de tous les ministères hors ceux de la Guerre et de la Marine.. . . . . . . Fr.   104,744,445

Total . . Fr.   772,744,445

Observons ici que,

— Le seul budget de la guerre figure pour 441 millions de francs dans l'année 1808, puis, le reste des dépenses de l'Etat y compris la marine a été couvert et soldé au moyen de

(1) Voir le budget, prévu pour 1880 à quatre milliards cent trente millions, dont quatre cents millions pour les départements et trois milliards sept cent trente millions pour l'État.

trois cent soixante-deux millions environ. — Ceci démontre par la brutalité des chiffres que la France peut facilement garantir le lendemain de ses enfants par la masse des trois cinquièmes des impôts qu'elle paie de trop en l'an de grâce 1879, et dont l'emploi peut être parfaitement appliqué aux contribuables sans qu'aucun service utile ne souffre.

BUDGET DE 1809.

Dépenses définitives. . . .   786,740,214 fr.

BUDGET DE 1810.

Dépenses définitives . . . .   807,948,824 fr.

BUDGET DE 1811.

Dépenses définitives.. . . .   952,200,000 fr.

— Notons ici que,

— C'est dans l'année 1811 que la Hollande, les départements anséatiques et l'Illyrie ont fait définitivement partie de l'Empire; jusque-là, ces États payaient une redevance et se chargeaient de leurs frais généraux.

BUDGET DE 1812.

Dépenses définitives. . . .   956,968,059 fr.

BUDGET DE 1813.

Dépenses définitives . . . 1,101,512,890 fr.
Remarquons ceci :

— Parti de 450 millions en 1789, nous voyons le budget de l'État français dépasser le milliard en 1813, mais cela n'est pas une augmentation aussi forte qu'elle le paraît, puisque la France était environ une fois plus grande qu'en 1789.

Il est vrai que les dignitaires de la corporation gouvernante du premier Empire exploitaient les puissances vaincues pour s'enrichir! — La France a payé bien douloureusement les diverses et colossales déprédations du premier Empire à l'étranger, tant en 1815 qu'en 1870-71.

B.

Budgets des dépenses de 1814 à 1830, inclus.

Comme nous venons de le voir,
De 1789 à 1830, les budgets partent de 450 millions de francs pour arriver petit à petit à dépasser 1,100 millions.
De 1814 à 1830 les budgets varient de 900 à

1,100 millions, le seul budget de 1818 monte de 1,500 à 1,600 millions de francs; — on se rappelle que les années 1816, 1817 et 1818 sont celles des indemnités aux émigrés; en plus, l'année 1817 ayant été une année de famine, de grandes dépenses furent faites pour en prévenir le retour.

Néanmoins, les budgets variant de 900 à 1,100 millions sous la Restauration, étaient, par le fait, énormément plus forts que ceux du premier Empire, — puisque, comme chacun le sait, les traités de 1815 avaient diminué de moitié environ les territoires de la France.

Cette anomalie apparente s'explique par ce simple fait.

Les corporations gouvernantes de la Restauration n'avaient pas, comme celles du premier Empire, les contributions de guerre des puissances vaincues pour s'enrichir.

C.

Budgets des dépenses de 1831 à 1847, inclus.

Les dépenses effectives inscrites au budget ci-dessus commencent par un total de 1,219,310,973 francs pour l'année 1831, pour arriver progres-

sivement à 1,629,678,089 francs pour l'année
1847.

Pourquoi ces 400 millions d'augmentations
annuelles sur les dépenses déjà si fortes de
la Restauration, — puisque la France n'est pas
plus grande en 1847 qu'en 1831 ?

En outre, la valeur de toute chose n'a pas
sensiblement augmenté de 1831 à 1847 ; —
trois ou quatre pour cent représente largement
la diminution moyenne de la valeur de l'argent
pendant ces dix-sept années ; — à quoi faut-il
donc attribuer le développement croissant de la
dépense des corporations gouvernantes de cette
époque, si ce n'est au bon plaisir des gouvernants, rendu possible par la servitude complète
dans laquelle se trouvent les populations au
moyen de lois qui ne sont pas faites par
elles ?

D.

Budgets de 1848 à 1851, inclus.

En 1848, la royauté tombe, mais le système
économique préexiste, — si bien que les budgets sont les mêmes ; — ce sont simplement
d'autres personnes qui en dépensent le montant,

— voilà toute la différence qui existe entre les diverses étiquettes gouvernementales ayant pour base la division des intérêts producteurs.

		Fr.
1848. Dépenses effectives . .		1,767,955,690
1849. —	— . .	1,434,678,965
1850. —	— . .	1,434,622,474
1851. —	— . .	1,360,600,775

E.

Budgets des années 1852 à 1869, inclus, soit 18 années.

Les budgets des dix-huit années du deuxième Empire ont leurs détails à peu près inconnus; — ces détails ont été prudemment brûlés en mai 1871 à la Cour des Comptes, dans les archives gouvernementales qui se trouvaient derrière cette ancienne Cour des Comptes, à l'Hôtel de Ville ainsi qu'à l'ancien Ministère des Finances.

Le bâtiment des archives gouvernementales était situé au fond d'une cour, laquelle était fermée par une grille; personne n'aurait pensé à incendier ce bâtiment qui n'avait aucune apparence, si ce n'est les intéressés à la disparition des comptes fantastiques qu'il contenait.

7

Les budgets de 1852 à 1869 inclus ont varié d'environ 1,650,000,000 de francs, chiffre approximatif de 1852, pour arriver à environ 2,400,000 francs, qui est le chiffre approximatif de chacune des années 1869 et même 1870 (1).

Aux dépenses générales des dix-huit années du deuxième empire il faut ajouter :

1° Les cinq à six milliards montant des divers emprunts publics pour les guerres d'Orient, d'Italie, du Mexique, etc.

2° Les bénéfices des spéculations impériales qui s'effectuaient au moyen des démolitions de la capitale, et dont les billets de crédit s'appelaient *bons de liquidation des travaux de Paris;*

3° La solde et les dépenses de 150,000 hommes qui ont toujours manqué au minimum à l'effectif des armées françaises de terre et de mer, soi-disant présents sous les drapeaux, mais dont solde et dépenses, figurant sur les budgets, passaient dans les coffres du ministère d'État et de la cassette privée pour être

_____

(1) Dans ces chiffres, ne sont pas compris le service de la dette publique, ni celui des emprunts, ni les budgets départementaux.

employées, on n'a jamais pu savoir ni où, ni pourquoi, ni à quoi (1).

---

(1) Nous avons néanmoins deux traces bien caractérisées de l'emploi de ces milliards.

1° Les biens immenses que possède en Espagne l'ex-impératrice Eugénie;

2° La somme de *vingt-trois millions cent vingt-cinq mille francs* montant des économies d'une année, d'un trimestre, ou d'un mois sur une opération quelconque du budget personnel de l'année 1866. — Cette somme a été transformée en diverses valeurs étrangères par l'un des banquiers de Napoléon III à Londres, car il paraît qu'aucune des économies impériales n'a été placée en aucun temps sur des valeurs françaises.

(*Ce fait n'a rien que de très naturel, car le dernier Bonaparte connaissait très bien la loi au nom de laquelle il avait confisqué légalement les propriétés de la famille d'Orléans.*)

La note contenant ces détails a été laissée par mégarde dans les comptes de dépenses du mois de décembre 1866; elle est reproduite, *ne varietur*, sur le onzième fascicule des papiers trouvés aux Tuileries, pages 152 et 153 du premier volume.

La science de la comptabilité fournit encore d'autres moyens pour constater bien des choses inconnues dans les agissements des derniers gouvernements; et cela, malgré que les comptabilités en aient été brûlées; — mais, si ces documents existaient, les emplois les plus cachés pourraient se retrouver.

Conséquences. — *En 1870, les soldats absents des cadres de l'armée montaient à plus de cent quatre-vingt mille hommes. Cette absence, qui était bien connue de l'ennemi, représente la cause unique des défaites de notre armée dès l'entrée en campagne; — défaites qui ont déterminé les revers des années 1870-1871.*

4° Le montant du rachat du service militaire des jeunes conscrits et soldats dont les parents étaient assez riches pour payer; — ces sommes immenses, qui allaient soi-disant dans une caisse de dotation de l'armée, n'ont jamais laissé de traces contrôlables; — nous les comprenons comme ayant été versées pour la plupart dans les coffres de la cassette privée.

Tout homme s'occupant des intérêts publics dans la société intelligente du XIX° siècle suit ce qui précède aussi bien que nous.

C'est le motif pour lequel il faut respecter comme un citoyen supérieur, celui qui a dit le premier, après avoir lu les fascicules des papiers trouvés aux Tuileries à la suite du 4 septembre 1870 :

Le Bonapartisme n'est pas un parti mais bien une profession.

Du reste, le mot Bonaparte est fatidique; en effet, il se prononce *Buona-parté* en italien, ce qui, paraphrasé, signifie *partisan de la bonne part.*

La bonne part de fortune que Napoléon III a économisée et placée à l'étranger pendant les dix-huit années de son règne doit être évaluée à une somme immense, dont les intérêts servent à payer des milliers d'agents qui maintiennent l'espoir du retour par la presse et les élections, enfin, qui préparent des révolutions politiques avec l'argent même des contribuables.

(Le mot espoir *est impropre, c'est la crainte qu'il faudrait dire, je maintiens néanmoins le mot* espoir, *parce que c'est celui employé par les partisans du césarisme.)*

Semblables aux enfants qui déclarent n'avoir pas touché aux confitures lorsqu'ils en ont la figure encore toute barbouillée, les intimes de la famille Bonaparte faisaient courir le bruit, en 1871 et 72, que Napoléon III était dans un état voisin de la misère, qu'il avait à peine 80,000 livres de rentes!!!

F.

Les véritables incendiaires de mai 1871.

Un proverbe de la famille Bonaparte recommande de laver son linge sale en famille; — or, les comptes fantastiques de toutes les familles gouvernantes ayant été brûlés en mai 1871; — nous appelons ce grand crime le lavage du linge sale des gouvernants de l'individualisme.

Le meilleur moyen pour découvrir les auteurs d'un forfait, consiste généralement à rechercher les personnes auxquelles il a été utile.

Or, la destruction des monuments n'a été d'aucune utilité au peuple révolté de Paris en 1871; — si l'incendie des édifices publics avait été favorable aux projets des membres de la Commune, ils auraient brûlé les églises qui étaient toutes à leur entière disposition; — et pourtant, pas une église n'a été incendiée.

Il est impossible de venir dire : « C'est le respect de la religion catholique qui a sauvé les églises et les chapelles dans la guerre civile de 1871; » — car, chacun connaît l'immense indifférence du peuple de Paris en matière de religion, les nombreux enterrements civils en sont la preuve.

Non, le véritable ouvrier, avant tout honnête, n'avait aucun intérêt à détruire les monuments, il n'y a pas même songé, parce qu'il n'avait aucun compte antérieur et accusateur à

faire disparaître ; — ce sont ceux qui ont plus
ou moins gaspillé l'argent des contributions
payées par les industriels, propriétaires, travailleurs et commerçants français, qui avaient
le plus sérieux intérêt à ce que l'on ne puisse
pas contrôler plus tard leurs dépenses, ainsi
que les virements fantaisistes de leurs comptes.

Les églises n'ont pas été brûlées parce qu'elles
ne contenaient aucun document de comptabilité
gouvernementale; — mais, si les membres dè
la Commune de 1871 s'étaient avisés de faire
des casernes dans le bâtiment de la Cour des
comptes, puis dans ceux des Archives du gouvernement, de l'Hôtel-de-Ville et du ministère
des Finances; — enfin, s'ils avaient déménagé
à cet effet les papiers, dossiers et registres
que ces édifices contenaient pour les enfermer
dans les églises de Notre-Dame de Paris et de
la Madeleine, il ne faut pas douter que ces deux
églises auraient été incendiées et les quatre monuments ci-dessus absolument préservés.

Pour le Palais de Justice, c'est toujours la
même chose en principe, il a été détruit dans
la partie des archives du criminel par les repris de justice de l'armée de la Commune,
dans le but de faire disparaître les preuves de
leurs condamnations antérieures.

Voici à ce sujet une constatation qui a bien sa valeur.

Un jour du mois de juillet 1871, je me trouvais pour affaires derrière le monument incendié de la Cour des comptes, dans un hôtel dont la façade seulement avait été détruite ; je demandai au concierge des détails sur les incendies, en paraissant étonné que les ouvriers de la garde nationale de la Commune aient pu obéir à des ordres semblables.

Le concierge de cet hôtel répondit :

— Vous vous trompez beaucoup, monsieur, si vous pensez que ce sont les ouvriers qui ont mis le feu à Paris, — j'ai vu les incendiaires trois jours dans cette cour, ils ont pillé les hôtels et brûlé tout le quartier, mais il y avait peu et pour ainsi dire pas de Français, — ils parlaient toutes les langues et fort mal la nôtre ; il y avait considérablement plus d'Italiens que d'autres étrangers (1).

Cette déclaration dont tout le monde peut contrôler l'exactitude non-seulement auprès du concierge de l'hôtel portant le n° ... de la rue

---

(1) La légion étrangère de l'armée de la Commune était à peu près entièrement composée des volontaires garibaldiens, qui étaient pour la plupart Italiens, Sardes et Corses.

de Lille, mais encore auprès des concierges de chacún des autres hôtels incendiés, n'a besoin d'aucun commentaire, elle éclaire merveilleusement ce coin sombre de la longue et triste histoire de nos guerres civiles modernes.

Comme on le voit, les véritables incendiaires de Paris en mai 1871, sont les BRAVI de la légion étrangère de la Commune et les repris de justice ; — quant aux politiciens qui ont soudoyé ces malheureux, je les indique sous le nom de : LES INCENDIAIRES QUI AVAIENT INTÉRÊT A L'ANÉANTISSEMENT DES COMPTABILITÉS GOUVERNEMENTALES.

G.

L'Idée Napoléonienne.

L'empereur Napoléon III croyait fort honnêtement agir comme un grand homme, il se prenait réellement au sérieux ; — les hommes dont il était entouré lui avaient positivement persuadé que l'exploitation brutale et sans vergogne du pays représentait une pensée élevée, baptisée par eux du titre de : *l'idée Napoléonienne.*

Dans un discours mémorable, le dernier de

nos Empereurs a exprimé en ces termes les inspirations de ses conseillers :

Lorsqu'on se met en travers d'une idée, elle vous renverse, mais si l'on se met à sa tête elle vous suit.

Ces paroles, dictées par un ami intime de Napoléon III, signifiaient ceci :

Les spéculateurs de toutes les spécialités désirent un genre de gouvernement qui exploite et leur permette d'exploiter légalement eux-mêmes les producteurs et propriétaires de la nation ; — quand les gouvernements résistent à cette volonté permanente des déclassés, ces derniers se transforment en politiciens, puis, ils cherchent à chasser, au moyen de la révolution, les gouvernements réfractaires à leurs appétits matériels.

L'exemple de la famille d'Orléans, renversée du trône en 1848 pour ce seul motif, existe réellement comme preuve démonstrative.

Cet exemple de la famille d'Orléans démontre clairement qu'aucun pouvoir ne peut se maintenir désormais en France, s'il n'a pour base l'organisation et la conciliation mutuelle de tous les intérêts professionnels, comme paravent révolutionnaire.

Au lieu de prendre sagement ce parti, Na-

poléon III s'est mis résolûment à la tête de
l'exploïtation générale des producteurs français
ainsi que des autres ressources de la France,
en croyant être dans le vrai et pratiquer l'esprit des lois de la nature; — aussi, il n'y a
jamais eu d'émeutes sous le deuxième empire
comme sous le règne de Louis-Philippe. — Heureusement pour l'avenir des peuples, les canons
allemands sont venus apprendre au dernier
Empereur (*mais sans que leurs maîtres s'en dou-
tassent*), que son idée napoléonienne représentait tout simplement la plus repoussante ainsi
que la plus odieuse des erreurs gouvernementales.

L'idée Napoléonienne, qu'il faut paraphraser
en l'appelant l'idée **Napo-Léonine**, nous démontre à nouveau que, *les révolutions ne viennent jamais d'en bas.*

3°

Les budgets de 1870 à 1880.

Le deuxième Empire a été une longue partie
de plaisir pour les personnes qui étaient en
faveur. — Cette époque a donc fourni une période de prospérité commerciale qui ne peut

plus revenir sous le règne de l'individualisme,
par la raison qu'un dissipateur ne peut pas
dépenser deux fois le même patrimoine.

Les gouvernements à la suite de l'Empire ont
par conséquent hérité d'une situation financière
des plus compromises, ils ont dû subir les
engagements pris et même le système ascen-
sionnel des budgets annuels, — parce qu'il leur
a paru bon de conserver les mêmes éléments
de dépenses que le pouvoir Impérial avait développés en dehors de toute proportion, dans le
but de donner une forte assiette à son influence
dans le pays.

Aussi, dans les dernières années de l'Empire,
on entendait les hommes prévoyants dire et
répéter sans cesse d'un bout de la France à
l'autre :

— *Nous paierons tout cela.*

Ou bien : *Le quart d'heure de Rabelais finira
par arriver.*

Et encore : *Oui, cela paraît bien, mais c'est la
fin qu'il faut voir,* — etc.

— Par ces divers motifs,

Quoique d'un pas moins accéléré que sous le
règne dernier, la France continue sans relais sa
marche vers la faillite, vers la débâcle, vers les
révolutions de la misère, enfin vers la liquida-

tion générale que Napoléon Ier a tant prédite
pour l'Angleterre en se trompant seulement de
soixante à quatre-vingts ans.

———

Nous avons laissé le dernier budget de l'Empire à deux milliards quatre cents millions environ, avec huit cents millions de dépenses annuelles en plus de celles constatées par le dernier budget d'État du règne de la famille
d'Orléans, — et cela, sans compter les budgets
départementaux et les emprunts ni pour l'un
ni pour l'autre de ces deux gouvernements.

Huit cents millions d'augmentations annuelles
sur les dépenses d'État seulement, — c'est-à-
dire presque deux fois le montant total du budget
complet de la France de 1789 qui avait tant fait
récriminer les économistes physiocrates de la
première constituante, c'est tout simplement
monstrueux.

———

Les gouvernants qui ont suivi le deuxième
Empire semblent ne pas avoir voulu compromettre leur popularité vis-à-vis de l'armée des
fonctionnaires grands et petits, car ils ont gardé
les mêmes montants budgétaires ; leurs chiffres

ont été simplement augmentés de l'entretien de
nos armements et de nos arsenaux pour lesquels
on ne dépensait pour ainsi dire rien sous Napoléon III.

Le budget de 1871 se présente avec un budget
d'État montant à environ. Fr.   2.800.000.000
Le budget de 1872 à en-
viron. 2.800.000.000
Celui de 1873 à environ .   2.900.000.000
Celui de 1874 à environ .   3.000.000.000

Cette progression constante était due à l'indemnité de guerre de l'Allemagne qui se soldait
peu à peu, en augmentant ainsi les intérêts
annuels à payer aux souscripteurs des emprunts
qui ont permis de libérer le territoire français.

Puis, aux réparations des désastres de la
guerre civile et étrangère ainsi qu'aux indemnités accordées à cet effet, etc.

Depuis 1874 les budgets de l'Etat restent à
peu près stationnaires.

Néanmoins, le budget de l'année 1880 se
présente avec des chiffres d'une telle élévation,
qu'ils semblent annoncer la reprise de la progression indiscontinue des dépenses, représentée
par l'ensemble des budgets d'Etat de la Nation
Française depuis la grande révolution de 1789
jusqu'à nos jours.

Nous laissons la parole à un journal du samedi 12 juillet 1879.

LE BUDGET. — SÉANCE DU 10 JUILLET 1879.

« La Chambre établit l'ordre suivant pour
» la discussion du budget : Légion d'honneur,
» Guerre, Marine, Finances, Postes et Télé-
» graphes, Justice, Intérieur et Cultes, Agri-
» culture et Commerce, Instruction Publique et
» Beaux-Arts, Travaux publics, Affaires Etran-
» gères.

» La discussion commence.

» M. Allain Targé s'est fait une spécialité des
» affaires de finance; il y apporte un esprit
» méthodique, un langage clair.

» Il se déclare pour la politique de dégrè-
vements.

» L'orateur énumère des chiffres effrayants :

» Le budget général monte
à 2.750.000.000
» Le budget départemental.   450.000.000
» Le budget d'emprunt. .   568.000.000
» Le budget du Commerce.   420.000.000

» Il représente en tout la somme énorme
» de **quatre milliards cent trente millions!!!**

(La petite République française.)

Une simple comparaison va nous démontrer dans quelle incroyable proportion les corporations gouvernementales des privilégiés ont poussé l'exploitation des contribuables français.

— D'après le rapport du ministre des finances Necker, rapport qui fait aujourd'hui partie de l'histoire de France, — les pensions de toutes sortes qui étaient payées en 1789, aux favoris de l'ancien régime, par l'Etat, s'élevaient an chiffre annuel de 25,560,000 francs.

Aujourd'hui, les pensions payées aux favoris des gouvernants de l'individualisme s'élèvent à un chiffre bien supérieur à 500 millions de francs par an, puisque je trouve sur le budget impérial de l'année 1856 la somme de 454,450,851 francs pour le paiement des pensions de cette seule année.

Calculant par le principe des proportions, il est évident que le régime républicain actuel doit avoir au moins 18 fois plus de pensions à payer aux favoris des anciens partis et aux siens que l'ancien régime; car, ainsi que je viens de le constater, le système financier actuel paraît être le même que celui de l'empire tombé.

La comparaison ci-dessus représente une des plus utiles leçons de l'histoire, en ce qu'elle nous démontre par la brutalité des chiffres la supériorité transcendante du système social des collectivités et l'infériorité ascensionnelle de celui des individus privilégiés.

Réflexions.

Le journaliste Armand Carrel disait à ses lecteurs du *National* en parlant du budget de 1835. « **Regardons bien le premier milliard du budget, car nous ne le reverrons plus jamais.** » — Nous devons observer la même chose aujourd'hui, mais, comme les appétits des corporations gouvernantes ont considérablement progressé depuis 1835, il faut quadrupler le chiffre indiqué par Armand Carrel et dire aux industriels, propriétaires, travailleurs et commerçants qui payent l'universalité des impôts : — Regardez bien les quatre premiers milliards du budget de 1880, car, bientôt, vous les payerez et ne les reverrez plus jamais ensuite.

L'*Etat* des corporations gouvernantes a fini par s'associer peu à peu, comme on le voit, dans les bénéfices du travail français, sans courir le risque d'aucune de ses pertes ; — si bien, qu'aujourd'hui, le tiers environ des salaires et revenus des travailleurs et propriétaires passe en réalité tous les ans dans les coffres de l'État, où il disparaît complètement.

En ajoutant aux chiffres cités plus haut, les taxes, octrois et contributions de toute nature des villes, bourgs et communes de la France, on verra que les appréciations données dans le bilan suivant, sont, comme je l'affirme, de beaucoup inférieures à la réalité.

Nous voilà de plus en plus loin des 450 millions d'impôts de 1789, qui avaient tant fait récriminer les physiocrates du xviiie siècle.

La France va donc payer environ six milliards de rentes à ses corporations gouvernantes, ce qui fait près de quatre pour cent de la valeur entière de la fortune mobilière et immobilière que notre pays possédait avant l'exploitation physiocratique et l'épuisement de ses territoires, — cela veut dire, avant que ses divers gouvernements l'aient dévorée, compromise et entièrement engagée comme nous allons le constater.

A ce sujet on peut rajeunir ainsi un ancien verset israélite de la décadence judaïque :

Il y a trois choses dans la vie universelle qui ne disent jamais : — *C'est assez :*

1° La mort,

2° L'avare,

3° Les corporations gouvernantes.

4°

BILAN DE LA FRANCE PAR DOIT ET AVOIR

A.

Exposé.

La ruine matérielle suit de près la ruine morale pour les gouvernants aussi bien que pour les hommes, — aussi, les vieilles corporations gouvernantes de l'Europe qui se décomposent peu à peu depuis si longtemps ont leur base d'exploitation plus ou moins ruinée à peu près partout.

Nous allons démontrer la vérité de la déclaration ci-dessus en établissant scrupuleusement le Bilan approximatif de la plus riche d'entre elles, qui est la France.

* *

La moyenne des statistiques porte le chiffre de la Fortune générale de la France, tant mobilière qu'immobilière, à *cent soixante milliards de francs*, valeur de notre monnaie actuelle.

Néanmoins, par de sérieux motifs de dépré-

ciation qui existent aujourd'hui, il y a beaucoup
à retrancher sur la moyenne de ces statistiques.

L'affaiblissement de nos territoires agricoles et
le phylloxéra, par exemple, ont fait baisser en
général et en moyenne la valeur des propriétés
rurales de toute la France de 25 pour cent
au minimum, — à savoir ·

B.

L'épuisement des terres rurales Françaises et ses causes.

Une des tactiques d'exploitation du deuxième
empire, qui est aussi celle des bandes noires,
consistait à acheter ou exproprier à bas prix,
puis, de faire doubler ensuite par l'agiotage
la valeur des immeubles, — afin de les re-
vendre ensuite à des prix exagérés aux industriels, propriétaires, travailleurs et commerçants
qui ont fait des pertes immenses, lorsque les
événements de 1870-1871 sont venus faire
baisser les propriétés, en les remettant à leur
prix normal.

Les différences ont été empochées par les
spéculateurs du règne dernier.

Les besoins de consommation grandissant

naturellement avec l'élévation du revenu des maisons et hôtels des grandes villes, les cultivateurs et viticulteurs de France ont voulu se mettre à la hauteur de cette situation et ont fait rendre à leurs propriétés des récoltes exagérées, sans comprendre qu'il fallait amender le fonds de leurs terres en proportion de la fatigue qu'ils lui imposaient; — au lieu de cela, on a même ôté alors aux champs les années de repos qui étaient données autrefois à chacun des territoires ruraux de France.

Alors, les insectes nuisibles ont commencé leur invasion générale, au fur et à mesure de l'épuisement de la richesse végétale des terres, richesses végétales qui n'existaient plus en assez grande quantité pour repousser les insectes nuisibles.

L'absence des petits oiseaux avait déjà laissé dévorer nos arbres, arbrisseaux et jardins par les chenilles, cet envahissement a motivé la loi sur l'échenillage du 26 ventôse an IV, loi qui n'a jamais été appliquée.

Puis, vint la première maladie des pommes de terre, puis le développement considérable dans nos vignes de la pyrale et du gribouri, nous annonçant déjà que les qualités chimiques de nos territoires vignobles commençaient à s'affaiblir.

Rien de tout cela ne fut compris et l'âpreté inintelligente du gain fit continuer les récoltes désordonnées.

Alors, la grave maladie de la vigne appelée l'oïdium vint et effraya tout le monde; — heureusement que le soufre la guérit, de même que les arrosages d'eau chaude avaient arrêté les ravages de la pyrale; — on s'endormit là-dessus et l'on continua les récoltes exagérées sans amendements proportionnels.

Et pourtant, les insectes charbonneux des céréales qui se multipliaient partout, auraient dû nous apprendre à ce moment-là que toutes les terres françaises spéciales à n'importe quelle culture marchaient déjà d'ensemble et d'un pas accéléré vers l'affaiblissement et la ruine. — Rien d'utile ne fut fait à ce sujet; alors le grand fléau arriva sous la forme du phylloxéra pour la vigne, du doryphora pour les pommes de terre, des vers blancs et d'autres insectes de toute nature, qui dévorent les racines de chacune des plantes nécessaires à l'alimentation générale.

Les familles de ces derniers insectes ne

sont pas même encore étudiées par les théoriciens, qui affectent pourtant de tout expliquer par analyse au moyen de termes difficiles à comprendre par les premiers intéressés, les cultivateurs et les viticulteurs.

En résumé :

L'épuisement général des terres rurales françaises leur a fait perdre beaucoup de leur valeur.

Phylloxérée ou non, il n'existe pas une vigne en France dont le rapport n'ait considérablement baissé par l'anémie de la terre qui la nourrit, anémie plus ou moins forte, *mais qui existe partout.*

— Il n'est donc pour ainsi dire pas un vignoble dont la valeur ne soit réduite de trente pour cent au minimum; — cette moins-value s'explique parfaitement, puisque les statistiques estiment de trois cents à trois cent cinquante millions de francs la baisse du revenu général des propriétés vignobles de la France, par le phylloxéra et l'épuisement de nos terres;

Les autres récoltes, céréales, pommes de terre, fruits, etc., etc., diminuent également tous les ans d'importance ; les importations de plus en plus grandes de blés et fruits de toutes espèces, de Russie, d'Amérique et d'Afrique en sont la démonstration évidente.

Ces augmentations constantes dans les importations se produisent justement lorsque les statistiques nous démontrent que le chiffre de la population de nos campagnes diminue un peu tous les ans par les émigrations des ouvriers de la campagne, que la fertilité de nos terres ne peut plus faire vivre.

En évaluant l'amoindrissement actuel de la valeur des propriétés rurales de toute la France à la somme de vingt-cinq milliards de francs, je suis évidemment beaucoup au-dessous de la vérité.

———

Cette déplorable situation fait que : — chacun se demande depuis dix ans :

Mais que fait-on donc contre le phylloxéra ?

A cela il faut répondre : *Rien*, jusqu'ici, que de dépenser inutilement des millions avec des résumés chimiques qui augmentent la maladie de nos vignes.

Dans les séances de l'Académie des sciences des 27 octobre et 1er décembre 1879, les acadé-

miciens *Bouillaud* et *Frémy* ont constaté que les *sulfures de carbone* et les *sulfo-carbonates* employés dans nos départements viticoles au compte du gouvernement, ont, malgré des dénégations intéressées, considérablement augmenté l'intensité et le développement du fléau de la vigne appelé le *phylloxéra*.

M. le baron Thenard, l'un des promoteurs du *sulfure de carbone*, a fait une réponse à ses deux collègues ; cette réponse équivaut en réalité à un acquiescement complet aux affirmations de MM. *Bouillaud* et *Fremy*. (Voir les comptes rendus officiels.)

C.

Les désastres financiers et autres.

Toutes les valeurs de Bourse sont cotées en général et en moyenne à 30 pour cent au minimum au-dessus de leur valeur réelle ; — les titres de Bourse ne pourront pas toujours être soutenus par les spéculateurs ; — aussi, une fois à la baisse, ils vont aller en descendant par suite de la pente fatale sur laquelle nous glissons, pour ne plus jamais revenir aux cours actuels.

Tout se déprécie sous notre déplorable

systòme do sociétó. *Exemple :* Los ventos mobilières, privées. et judiciaires, effectuées par
les commissaires-prisours ou les huissiors, sont
chargées do tant de frais et spéculations incroyables, que la fortune mobilière des grandes
villes voit sa valeur totale absorbée en moyenne
tous les dix ans, laquelle doit, par conséquent,
être renouvelée dix fois par sièclo au moyen du
travail.

Ceci dit, nous allons nous baser sur le chiffre
moyen de la fortune publique et privée de
notre pays établio par les statistiques, et recourir aux chiffres pour constituer par Doit et
Avoir, un bon et vrai bilan de la grande
affaire commerciale et industrielle que l'on
appelle la Nation Française.

D.

BILAN

	DOIT	AVOIR
	FRANCS.	FRANCS.
Fortune mobilière et immobilière de toute la France...............	....	160,000,000,000
Les biens immobiliers de la France étaient hypothéqués, au 31 décembre 1878, pour...................	19.278.931.708	....
(Travail fait sur la demande d'une Commission sur les successions).		
Les obligations des chemins de fer ainsi que les obligations des Sociétés par actions cotées à la Bourse, représentent le passif des valeurs mobilières et immobilières de ces diverses Sociétés. Ce passif peut être évalué au minimum à.....	12.000.000.000	....
Les dettes de l'État;		
Puis, les bons du Trésor, les bons de caisses d'épargne, ainsi que ceux des caisses de dépôts et con-		
A reporter.....	31.278.931.708	160.000.000.000

	DOIT FRANCS.	AVOIR FRANCS.
Report.....	31.278.931.768	160.000.000.000
signations, le tout dans la France entière, représentent environ, avec les dettes d'État, une somme minimum de.................	25.000.000.000	....
1° Les grandes faillites, les emprunts étrangers qui ne payent rien ou presque rien des intérêts de leurs dettes, tels que :		
Les fonds Égyptiens.		
— Espagnols.		
Haïti.		
— Honduras.		
— Turcs.		
— Péruviens.		
— Mexicains,		
etc., etc.		
2° Les chemins de fer et caisses de chemins de fer qui ne payent plus, sont ruinés, ont disparu ou sont en faillite dans toute la France; puis, les grandes Sociétés qui ne payent plus rien ou presque rien à leurs actionnaires et obligataires, tels que :		
La Société immobilière;		
A reporter.....	56.278.931.768	160.000.000.000

	DOIT	AVOIR
	FRANCS.	FRANCS.
Report.....	56.278.031.768	160.000.000.000

les Crédits mobiliers français et étrangers, etc., etc.;

3° Puis, vient l'innombrable défilé des Sociétés, Banques, Charbonnages, Mines, Eaux, Terrains, Usines, Crédits et Sociétés agricoles et industrielles de toutes espèces en liquidation, anciennement ou nouvellement.

4° Puis, vient le défilé non moins innombrable des autres Sociétés du même genre, françaises et étrangères, disparues avec les fonds de leurs actionnaires et obligataires;

5° Puis, vient la longue énumération des grandes entreprises à l'étranger qui ne payent rien ou presque rien et dont quelques-unes des valeurs forment les actifs illusoires de beaucoup de grandes Sociétés financières françaises.

Le tout représente une somme infiniment supé-

	DOIT	AVOIR
A reporter.....	56.278.031.768	160.000.000.000

	DOIT	AVOIR
	FRANCS.	FRANCS.
Report.....	56.278.931.768	160.000.000.000
rieure à dix-huit milliards de francs. Mettons seulement.....................	18.000.000.000	....
Diminution de la valeur des propriétés rurales de France par suite de l'épuisement des qualités chimiques de nos territoires; Épuisement qui est la seule cause du fléau phylloxérique, de l'oïdium, de la maladie des céréales et des pommes de terre, etc..	25.000.000.000	....
Les dettes et emprunts des villes, communes et départements de France sont bien supérieurs à cinq milliards. Mettons seulement.....................	5.000.000.000	....
A reporter.....	104.278.931.768	160.000.000.000

Nous ne parlerons pas des faillites particulières, qui se chiffrent par plus de douze cents par an en moyenne pour le département de la Seine seulement; ces faillites jettent journellement dans le prolétariat une foule de familles de la petite bourgeoisie.

E.

Balance.

Ainsi qu'il va être péremptoirement démontré plus loin, les trois-cinquièmes environ des octrois, impôts et taxes de toute nature sont dépensés inutilement, c'est-à-dire sans aucun bénéfice pour le peuple français. — Ces trois-cinquièmes de tous les impôts représentent le tribut du vaincu, payé aux corporations gouvernantes par les populations françaises divisées et asservies par l'individualisme.

Ces trois cinquièmes de nos taxes, qui montent à trois milliards et demi de francs environ, sont donc la véritable aliénation d'un certain capital qu'il y a lieu de retrancher dans l'actif de la fortune publique, puisque ce capital est absorbé, car il ne sert qu'à fournir le montant d'un tribut dépensé *ad libitum* par les corporations gouvernantes.

Les propriétés rurales rapportent de un à deux et demi pour cent de leur valeur réelle. — Mais, afin de favoriser le plus possible le reste de la fortune française dans ce bilan, je vais capitaliser à trois pour cent la partie des

impôts que j'appelle le tribut de la servitude
du peuple français.

	DOIT	AVOIR
	FRANCS.	FRANCS.
Report.....	104.278.931.768	160.000.000.000
Trois milliards et demi au minimum d'impôts inutiles forment, à trois pour cent, un capital aliéné d'environ......................	110.666.666.666	....
Pour balance.............	....	60.945.598.434
Totaux égaux.....	220.945.598.434	220.945.598.434

C'est-à-dire que la fortune publique, mobilière et immobilière, de toute la France est
complètement perdue ou aliénée, — plus, environ soixante et un milliards de francs ! !

Retranchons les soixante et un milliards
environ de pertes supplémentaires, pour atténuer et amoindrir dans une mesure énorme
les chiffres approximatifs que nous avons fournis, chiffres qui sont déjà, selon notre conviction
profonde, inférieurs de beaucoup à la vérité.

Même en retranchant ces soixante et un
milliards environ de francs, nous trouvons qu'au
bout d'une période de 87 ans du règne de

l'individualisme pur, avec les intérêts publics dirigés exclusivement par les corporations privilégiées sans collaboration ni aucun contrôle effectif des contribuables, **le peuple français est absolument ruiné, il n'a plus que ses bras pour vivre;** — cela veut dire que les biens qui ont été fournis si largement par la nature au peuple du beau pays de France sont mangés, perdus ou engagés pour beaucoup plus de leur valeur entière, ainsi que les autres épargnes accumulées de son travail séculaire.

5°

La transformation.

D'après un compte rendu officiel reproduit ci-dessous, — les seules guerres de 1870-1871 ont dévoré à la France, **quatorze milliards quatre cent cinquante-six millions de francs,** en plus du montant des budgets de ces deux années, et sans compter les frais et impositions de l'invasion ainsi que les dépenses des deux sièges pour la ville de Paris.

« Voici une statistique de M. Villefort, chef du contentieux au ministère des affaires étrangères, qui établit ainsi les conséquences de la

9

guerre criminellement entreprise par l'empire en 1870 :

» Dépenses extraordinaires de la guerre en sus du budget militaire annuel . . 1.315.000.000

» Indemnité à l'Allemagne, capital et intérêts. 5.315.000.000

» Entretien des troupes allemandes sur notre territoire . 340.000.000

» Indemnités aux départements envahis. 1.487.000.000

» Perte des impôts pendant la guerre 2.024.000.000

» Reconstitution du matériel de guerre. 2.144.000.000

» Pensions militaires, revenus divers enlevés à l'annexion 1.314.000.000

» Total général : *Quatorze milliards quatre cent cinquante-six millions.*

» Dans ce chiffre ne sont pas comprises les indemnités aux particuliers, les pertes faites par les industriels, les commerçants, etc.

» Le montant des divers emprunts faits pour couvrir de si formidables dépenses a entraîné une augmentation d'intérêts de 634,800,000 francs par an.

» En résumé, la guerre de 1870 a coûté à la France près de quinze milliards d'argent comptant. Nos charges annuelles ont augmenté de 632 millions.

» Voilà ce que nous devons au second empire, voilà le bilan des fameuses « vingt années de prospérité » : une faillite effroyable se soldant par la ruine, le sang et les larmes. »
(*Petite République française* du 13 février 1880.)

Et les industriels, propriétaires, commerçants et travailleurs français indignés, ne se sont pas encore mis eux-mêmes à la tête de l'État !!!

Quel immense changement s'est donc produit dans les intelligences et les consciences depuis le 5 mai 1789, époque où l'assemblée physiocratique des États-Généraux était indignée, en apprenant que le budget général de toute la France était prévu au chiffre de 450 millions de francs pour l'année suivante?

Nous nous sommes posé bien souvent cette question, sans avoir trouvé de réponse à nous faire, si ce n'est que nous attribuons cette indifférence à l'abaissement du sens social des populations, ainsi qu'à la perte momentanée de l'esprit public, occasionnés par la servitude législative sous laquelle sont courbés les industriels, propriétaires, travailleurs et commerçants français.

*
* *

Dans tous les cas, voici le point scientifique et psychologique qu'il y a lieu de constater au sujet de la situation critique dans laquelle se trouve la fortune matérielle de notre pays.

Toute organisation d'intérêts généraux qui arrive à perdre plus de la moitié de ses forces matérielles, a évidemment fait cette perte à la suite d'une direction inintelligente et souvent corrompue, c'est-à-dire contraire à l'esprit des lois de la nature.

Lorsque plus de la moitié des forces vitales acquises par un corps quelconque est compromise, ce corps marche de plus en plus rapidement à la mort par la décomposition graduée et proportionnelle; — enfin, il se prépare à la transformation, parce que, dans la vie universelle, tout se transforme et rien ne meurt véritablement.

TOME TROISIÈME — CHAPITRE TROISIÈME

BILAN FINANCIER

DE LA FRANCE

TROISIÈME PARTIE

CONCLUSION

> La pratique du système social de l'individualisme rejette peu à peu l'homme hors de l'esprit de la famille; l'organisation collective peut seule l'y faire rentrer complètement.

1°

Instruction générale.

A la suite des preuves chiffrées ci-dessus, qui sont *aussi claires que précises*, — enfin, en regard de la pente mortelle sur laquelle glisse rapidement la société française, — que faut-il penser de certains optimistes naïfs qui prennent pour la véritable richesse du pays les diverses congestions d'argent monnayé qui se trouvent à la Banque de France, dans les maisons de la haute banque, au Trésor, ainsi que dans beaucoup d'autres établissements financiers?

Nous allons répondre à cette question en envisageant son instruction à trois points de vue bien distincts.

* *

1° **Relativement aux optimistes.** Les aveugles qui prennent la terrible maladie de l'argent que nous traversons pour la preuve de la fortune et de la santé du corps social français, sont des frères en ignorance de ces pauvres de la ville de Londres, qui disent avec fierté aux étrangers qu'ils rencontrent juste au moment du passage de la voiture d'un lord de la chambre haute attelée de huit chevaux fringants : *Vous n'avez pas une noblesse comme celle-là dans votre pays, hein?* — Heureusement, répondent les étrangers ainsi interpellés.

* *

2° **Physiologiquement.** La richesse factice et

apparente de la France est appelée par nous sa
maladie monétaire; nous l'appelons ainsi parce
que, — grâce au malheureux système économique actuel, — l'argent s'est retiré peu à peu
par les impôts et les spéculations financières de
la plupart des véritables membres du corps
social, pour se congestionner dans les coffres
des grands spéculateurs de la société moderne
ou de leurs héritiers.

La richesse factice de la France lui attire
l'ardente jalousie des autres gouvernements
d'Europe, y compris celle de l'Angleterre, qui
est pourtant fort riche et aussi bien dotée que
nous en métaux monnayés.

Cette immense jalousie, qui date de loin, nous
a amené les guerres de 1870-74; — ces guerres
nous ont démontré que, — après avoir niaise-
ment repoussé en 1854 notre seule alliée naturelle, qui est la Russie, nous ne pouvons plus
espérer d'alliances, **si ce n'est celle des peuples**, lorsqu'ils seront enfin maîtres chez eux.

Cette jalousie des gouvernements étrangers
qui augmente tous les jours sans que notre pays
ait l'air de s'en apercevoir, va nous accabler
par les guerres civiles et étrangères que nous
redoutons.

C'est-à-dire que,

Grâce à notre système social corrupteur et contre nature, la noble et généreuse France n'a que des ennemis cachés au dehors et au dedans.

* *

3° Au point de vue général. Depuis plus de vingt ans déjà, l'argent sans risques, c'est-à-dire sûrement placé ou transformé en biens-fonds, vaut en moyenne et au maximum deux et demi pour cent de revenu annuel.

L'argent qui rapporte davantage est placé commercialement, cela veut dire qu'il court des risques de pertes plus ou moins grands.

En conséquence,

Comme il est démontré que les impôts, taxes et contributions de toute nature, pour l'État, les villes, les communes et départements de toute la France, atteignent annuellement une somme d'environ six milliards de francs, il est évident que : — les corporations privilégiées de l'individualisme sont arrivées à confisquer en réalité à leur profit toute la fortune mobilière et immobilière de la France ! ! — et encore beaucoup au delà, — puisque les six milliards de revenus que payent les Français, représentent, à 2 1/2 pour cent, un capital de deux cent

quarante milliards de francs, chiffre presque
double de la valeur réelle et actuelle de la
totalité des biens mobiliers et immobiliers de
notre nation.

Un fait paraît excellent à constater ici.

Les historiens nous apprennent que les ency-
clopédistes du xviiiᵉ siècle blâmaient sévèrement les gouvernements anciens de prélever et
d'avoir prélevé la dîme pendant des milliers
d'années sur les revenus de leurs peuples divers;
— chacun se rappelle en effet les lamentations
et malédictions lancées par les physiocrates à
la fin du siècle dernier contre ce prélèvement
du dixième des revenus populaires opéré par
les gouvernants d'autrefois, qu'ils qualifiaient
à ce sujet du nom sévère de Tyrans.

Et pourtant,

Aussitôt au pouvoir, ces mêmes économistes
physiocrates, ainsi que leurs successeurs du
xixᵉ siècle, sont arrivés peu à peu, comme
nous venons de le constater plus haut, à prélever chaque année, non seulement un dixième,
deux dixièmes et trois dixièmes de nos revenus,
mais bien une somme notablement supérieure

au revenu entier de toute la fortune mobilière
et immobilière de la France !

Par le bilan détaillé plus haut, puis, par les
considérations qui le précèdent et le suivent, on
reconnaît malheureusement que, — de même
que les autres pays d'Europe, le nôtre suit
une pente fatale qui le conduit peu à peu à la
transformation sociale par la liquidation forcée.

De même qu'un débauché, la France se ruine
petit à petit depuis longtemps, car ses biens
sont hypothéqués, perdus ou aliénés pour plus
que leur valeur ; sa faillite est donc imminente,
le premier gros événement national ou international la fera sûrement déclarer.

La faillite d'un État se termine exactement
comme celle d'un particulier, c'est-à-dire au
moyen d'une liquidation générale par doit et
avoir de toutes les parties de son actif et de
son passif. — La liquidation de la fortune
française, qui est depuis longtemps utile, va
bientôt devenir nécessaire et même indispensable, sous l'influence des grands événements qui
vont bouleverser le vieux monde et dont nous
entendons de toutes parts les préludes signifi-
catifs.

2°

Rénovation.

Avant ou après les évènements que nous prévoyons, voici comment se fera la rénovation des sociétés ayant la France à leur tête.

Le règne des collectivités régénérera le monde nouveau après la chute de l'ancien, soit que cette chute arrive violemment, soit que les gouvernants français aient le courage, la sagesse et la puissance morale de transformer pacifiquement les vieilles sociétés ; — mais la France ne peut accomplir cette grande chose qu'en transformant de suite son fonctionnement social, car si l'on avait le malheur de boucher les trous du vieil habit de la société de l'individualisme avec du drap neuf, les pièces emporteraient l'étoffe de l'habit vieux.

Voici ce qui se passera après la fin du vieux monde sous la forme corporative et fédérative.

A. **Contributions.** — Les énormes impôts du règne des privilégiés resteront exactement les mêmes dans toute la France, — seulement, ils seront perçus .sous les ordres des familles professionnelles du pays entier et leur montant s'appellera *l'épargne annuelle du peuple français.*

C'est-à-dire que l'intérêt proportionnel de *tous* sera mis partout à la place de celui de *quelques-uns.*

———————

B. **Emplois publics.** — Les syndics les plus riches des familles industrielles et rurales de la nation feront avec bonheur et gratuitement (*ou presque gratuitement pour maintenir leur responsabilité*) le service des hauts fonctionnaires du pays dont les emplois seront reconnus nécessaires.

— Le montant des économies faites sur l'épargne nationale sera déposé momentanément dans les établissements les plus sûrs, au crédit du gouvernement de chacun des départements Français. pour être placé à bas intérêts en première hypothèque, afin de favoriser le travail, l'industrie et le commerce national.

Les comptabilités de la nation seront tenues par des employés délégués par la famille professionnelle des comptables administrateurs, métreurs et jaugeurs jurés de chaque zone, sous la surveillance du comité de contrôle de chaque département.

C. **Magistrature.** — Le travail, le commerce et la propriété auront des règlements nationaux et internationaux pour chacun de leurs rapports d'intérêts; — règlements qui seront convenus d'avance dans des tarifs et traités de commerce établis par les intéressés eux-mêmes, de façon à ce que les chances de division et de discussion soient réduites à leur plus simple expression parmi les populations; — alors, notre honorable magistrature verra chacun de ses membres occuper, suivant son rang hiérarchique, les sièges du ministère public de tous les syndicats professionnels, cantonaux et départementaux, ainsi que ceux des congrès internationaux; ils seront chargés de rappeler le respect des droits et devoirs naturels de l'homme, lorsqu'une proposition quelconque tendrait à en atténuer la portée ou l'esprit.

D. **Instruction publique.** — L'instruction publique sera professionnelle d'un bout à l'autre du territoire, — la théorie de toute chose sera enseignée à côté de la pratique, depuis la plus minime profession jusqu'à la plus élevée, — en un mot, l'école côtoiera constamment et partout l'atelier, le bureau ou l'amphithéâtre.

Les connaissances élémentaires nécessaires à la bonne pratique d'une profession seront obligatoires pour tous, puis, leurs écoles et ateliers gratuits.

Des catéchismes d'hygiène, de sciences élémentaires, de droit collectif et de devoirs sociaux, serviront exclusivement pour apprendre à lire aux enfants de la nation.

E. L'état social. — Si le règne patriarcal était dirigé par d'autres citoyens que des pères de famille, il ne serait plus lui-même, en un mot, il ne serait plus le règne patriarcal.

En conséquence,

Chaque famille industrielle de ce règne moralisateur doit être représentée par un nombre égal de syndics patrons et de syndics employés, ouvriers ou artistes.

Chaque syndic représentera l'intérêt social complet, c'est-à-dire qu'il devra élever ou avoir élevé un ou plusieurs enfants légitimes ou adoptifs, afin d'être véritablement un père de famille.

Chaque famille industrielle aura une tribune accessible à chacun de ses membres dans les tenues mensuelles.

F. **Mutualité.** — De même que les transactions, instructions, apprentissages, ventes publiques des objets et titres de la richesse mobilière et immobilière, — les assurances contre les risques de la vie au moyen de l'impôt seront dirigées par la fédération des familles de l'industrie et de la propriété générale ; — les fermes-écoles cantonales fédérées entre elles par régions dirigeront les mêmes intérêts qui leur seront communs, par les intéressés aux industries de l'agriculture et de l'élevage qui nommeront des syndics, exactement comme dans les professions de l'industrie générale.

Par ce moyen, les agriculteurs et viticulteurs français depuis le plus petit jusqu'au plus grand, jouiront proportionnellement des bienfaits de la propriété divisée, unis à la puissance d'action que la grande propriété peut seule donner.

G. **L'État légal.** — La base du règne des collectivités étant le respect des lois universelles ; — la fortune acquise dans les familles par l'héritage est aussi scrupuleusement respectée et protégée que le produit de la valeur intellectuelle plus ou moins grande de chaque individu ; — enfin le règne des collectivités représente réellement tous et chacun des articles du seul contrat social imposé par la nature aux citoyens d'une nation.

3°

Résumé pratique

L'État social du règne des collectivités ne craindra pas les guerres étrangères, vu qu'il ne blessera et n'enviera aucun intérêt, car il circonscrira son ambition à la seule jouissance des siens.

Néanmoins,

Les citoyens devront tous être soldats, les exercices militaires auront lieu les dimanches sous le nom de gymnastique nationale ; — en outre, les militaires de l'armée active (*sauf ceux utiles aux services publics*) travailleront dans leurs foyers et ne constitueront plus l'école du **Far-Niente.**

La gymnastique nationale représentera le rétablissement pur et simple des jeux Olympiques des Grecs de la période héroïque.

Par cette organisation rationnelle, la France aura, au cas de besoin et presque sans frais d'État, cinq millions d'excellents soldats-citoyens sous les armes ; — ces cinq millions de soldats dont les quatre-vingt-dix-huit centièmes travailleront, coûteront à peine annuellement 150 à 200 millions de francs aux divers budgets du peuple français.

Dans cette situation :

Si jamais le territoire français était attaqué, les cinq millions de soldats du règne des collectivités deviendraient autant de héros, parce que tous défendraient par le fait les intérêts généraux de leurs familles et d'eux-mêmes, que le règne des collectivités leur garantira alors par son organisation logique et rationnelle.

En un mot,

Si, par impossible le régime des collectivités de l'avenir venait à être jalousé par n'importe quel gouvernement plus ou moins sauvage et qu'une lutte devienne probable, — le syndicat national du peuple organisé n'aurait qu'à dire à l'armée fédérale de la nation française : **Lionne, défends tes petits.**

Alors, d'un bout à l'autre du territoire une clameur terrible retentirait, la défense s'organiserait partout et d'ensemble comme l'éclair, à l'image du travail et des intérêts de la nation.

En cet état, les armées des gouvernements de tout le reste du monde, si par hasard elles pouvaient se réunir et leurs maîtres s'entendre, deviendraient absolument inférieures et impuissantes contre celles d'une nation organisée collectivement, si cette nation était de l'importance de la France seulement.

Impossible de faire bien comprendre au public après tant d'années de servitude, toute l'immense puissance militaire d'un peuple bien organisé professionnellement, c'est-à-dire d'un peuple dont chacun des soldats serait convaincu, en allant se battre, qu'il va réellement défendre les intérêts privés de son foyer, ou plutôt, ses intérêts propres ainsi que ceux de sa famille.

———

Quand nous disons : « La défense nationale s'organiserait comme par enchantement sous le règne des collectivités, » nous ne visons que le côté moral seulement.

Matériellement, la défense du territoire sera toujours organisée, c'est-à-dire prête à fonctionner immédiatement avec les forces complètes de la nation.

À cet effet, l'armée active sera composée de volontaires reçus en concours :

1° De cent cinquante mille officiers de toute arme, sortant de trente écoles militaires, mais surtout navales, à établir de suite en France, — et dont le moindre pourra faire manœuvrer un régiment ou un vaisseau.

2° De deux cent mille sous-officiers sortant des mêmes écoles, lesquels feront le service des villes et serviront d'instructeurs aux hommes valides de la nation dans les gymnastiques nationales des dimanches et fêtes, — puis, d'un nombre suffisant de volontaires-soldats pour les services publics seulement.

3° Les hommes valides de la nation travaillant chez eux, seront donc, en cas d'attaque, les soldats tous prêts des officiers et sous-officiers de l'armée active.

En plus, les officiers et les sous-officiers de la nation française, seront, en temps de paix, professeurs des sciences exactes dans les écoles et lycées de leurs départements, puis, employés auxiliaires des syndicats professionnels, etc.,

— si bien que l'armée ne coûtera presque rien par le fait, car les officiers et sous-officiers gagneront leurs appointements sur les budgets de l'instruction publique et du ministère du travail.

4°

Résumé financier.

Par les motifs ci-dessus, quatre à six cents millions de francs suffiront largement pour payer la totalité des services civils et militaires de la France du travail organisé.

Puis, un milliard environ de francs sera employé annuellement (*y compris amortissement*) à payer les intérêts de toutes les dettes de la nation que le système social des privilégiés lui a fait contracter dans le cours de ce siècle, ainsi qu'à la fin du précédent.

Quatre cents millions paieront largement l'instruction générale, les frais généraux attribués aux employés des familles professionnelles, ainsi que ceux de leurs fédérations départementales et nationales.

Il restera donc environ quatre milliards nets

par an entre les mains du peuple français organisé. Cette somme pourrait être employée :

1° Un milliard de francs paiera par tirage et par an, une somme égale de titres à éteindre dans la dette de l'individualisme. Ce paiement diminuerait annuellement le chiffre des intérêts et amortissements à la charge du peuple français; — ces intérêts, avec la somme remboursée, rentreraient naturellement dans les entreprises du travail national, lesquelles en seraient développées et bonifiées considérablement (1).

2° Un autre milliard servirait chaque année à racheter les chemins de fer, afin d'arriver plus tard au transport de moins en moins coûteux des voyageurs, marchandises, lettres, etc., de l'activité nationale.

3° Deux à trois cents millions seraient em-

---

(1) Les caisses des corps de métiers faciliteront alors le développement de l'industrie et du commerce par des escomptes et découverts proportionnels au chiffre d'affaires antérieur, le tout garanti par l'actif et par une assurance sur la vie des titulaires égale à leur crédit.

ployés aux routes et travaux publics, le surplus, soit cinq à six cents millions, serait versé annuellement dans les caisses de prévoyance des familles professionnelles de France, à titre de prime d'assurance contre chacun des risques de la vie; puis, pour garantir le lendemain des citoyens laborieux contre les chômages, les maladies, la vieillesse, l'ignorance, la misère, etc., etc.

Sous le règne des collectivités, les citoyens aisés n'iront presque jamais frapper (*bien qu'ils en auront le droit*) à la porte des caisses de prévoyance, dont les fonds resteront, par ce moyen, le patrimoine des nombreuses familles de tous les ouvriers laborieux.

Une fois le travail et les intérêts bien profondément organisés, les caisses de prévoyance auront des excédants de plus en plus grands, lesquels excédants constitueront la fortune du peuple français.

Ainsi qu'il vient d'être dit, ces fonds seront placés en première hypothèque sur les biens du pays au fur et à mesure des demandes, afin de favoriser encore davantage les entreprises du travail, et partant, le développement de la richesse nationale.

L'instruction mutuelle et professionnelle

fera de chacun des enfants de la nation, des hommes indépendants par le travail.

Le lendemain matériel assuré à chacun des hommes laborieux par la mutualité, abolira donc à jamais la misère.

Cette situation générale unifiera un contentement et un bonheur semblables pour chacun des citoyens des classes riches, moyennes ou laborieuses ; — alors, chacun jouira tranquillement et sans envie de la fortune ou du bien-être qui seront son partage, soit par sa naissance, soit par son intelligence, soit par son travail ; — mais la valeur morale formera alors et infiniment plus qu'aujourd'hui, la seule différence sociale chargée de stimuler l'émulation entre les hommes.

5°

PROFESSION DE FOI COLLECTIVE

Soyons avant tout les vrais amis de la Nature, car, outre que la Nature est notre mère éternelle, elle seule représente et contient toutes les harmonies ; — puis, et en second lieu, il faut entièrement reporter le côté pratique de cette amitié sur l'humanité.

Aimant l'humanité comme étant l'esprit de

la Nature, la logique commande de travailler
au bonheur de chacun de ses membres. — Or,
le bonheur de l'homme c'est l'émancipation
par l'instruction, le travail et les intérêts organisés; — tout cela ne peut s'obtenir pour
chacun, dans une Nation, qu'au moyen du règne
des collectivités, de par lequel chacun des pères
de famille est appelé à administrer les intérêts
de son pays dans la juste proportion de ceux
qu'il y possède.

Cette organisation naturelle et humanitaire
plaît au cœur et à l'esprit de l'honnête homme ;
— mais ce qu'elle a de sublime, c'est qu'elle
favorise les intérêts matériels de tous et de chacun proportionnellement à leur importance : —
c'est là le motif pour lequel le règne des
collectivités a été appelé celui de la justice.

Si nos gouvernants n'organisent pas le règne
de la justice avant le commencement des maux
de toutes sortes que l'agonie du vieux monde
va faire subir aux populations; — le règne des
collectivités s'imposera par la force même des
choses, après que les guerres civiles et étrangères
auront fait à peu près table rase de la plupart
des intérêts privés de chacun des propriétaires,
travailleurs et commerçants français.

De semblables cataclysmes ont eu lieu déjà

bien des fois dans le cours de l'histoire du vieux monde

Au commencement de notre ère, par exemple, c'est-à-dire après les deux siéges de Jérusalem, les populations juives ont été absolument dépouillées de ce qu'elles possédaient et furent dispersées presque nues par toute la terre, — les Juifs de cette époque avaient mérité **la grande punition** parce qu'eux et leurs familles étaient absolument corrompus par une servitude séculaire et dégradante à tous les points de vue ; — tandis que les Gaulois modernes sont généralement et en majorité fort avancés spirituellement et scientifiquement.

Ils n'ont donc pas mérité la terrible punition des anciens Hébreux, des Romains de l'époque des invasions barbares et des Grecs de la décadence, etc. (1).

---

(1) De même que les chefs des partis politiques pratiquent le OTE-TOI DE LA QUE JE M'Y METTE par les luttes de la presse, de la tribune, les émeutes, révolutions et coups d'État, les gouvernements individualistes se sont toujours détruits les uns par les autres ; — Exemple, les Romains ont tour à tour anéanti les gouvernements Étrusque, Grec, Juif, etc., etc., et ont été détruits à leur tour par les gouvernements barbares du Nord.

Les Français réunis professionnellement, mais dont l'existence aura été épargnée au milieu des évènements qui vont éclater, seront tout à fait affranchis, parce qu'alors, ils se hâteront d'établir le règne patriarcal ou des collectivités comme règle organisatrice de leurs multiples relations d'intérêts et se **sauveront** par ce moyen.

Il a été dit avec raison au sujet du **salut** des nations :

Quant au système social des hommes ou de l'individualisme, **tout est impossible.**

Mais quant au règne des collectivités, qui est celui de l'intelligence, c'est-à-dire de la Justice sur la terre, **toutes choses sont possibles.**

6°

VALEUR MATÉRIELLE DE L'HOMME DANS LA SOCIÉTÉ COLLECTIVE.

A.

Les intérêts matériels que chacun possède dans les sociétés humaines sous le règne des pères de famille, doivent être calculés comme il est dit ci-dessous, savoir :

1° Les impôts et les primes d'assurances que chacun paye au trésorier de sa famille professionnelle doivent représenter théoriquement le dixième du revenu de chacun des citoyens.

Je dis théoriquement, car, lorsque toutes les dettes de l'individualisme seront payées, les impôts en général, tant directs qu'indirects, ne dépasseront pas le dixième réel des revenus du travail de l'épargne et de la propriété, tandis qu'aujourd'hui ils atteignent plus du tiers de ces mêmes revenus.

Aujourd'hui, en effet, l'ouvrier paie indirectement à ses gouvernants vingt pour cent environ de son salaire.

Par ces divers motifs,

Les revenus qu'un citoyen tire de son travail, de ses talents, des rendements de ses propriétés, valeurs mobilières acquises par héritage ou épargnées par lui doivent se capitaliser à trois pour cent sur dix fois la somme de ses impôts ; la totalité des revenus d'un citoyen est donc dix fois supérieure aux impôts et primes d'assurances qu'il paye annuellement.

C'est-à-dire que, l'impôt représentant l'épargne générale d'un peuple, plus un citoyen paie d'impôts, plus il doit être riche dans les biens de la nation.

Dans une société à organiser sur les bases de sa valeur réelle, le taux de l'intérêt de l'argent doit être fixé légalement à trois pour cent l'an ; — le revenu de chaque citoyen établi sur ses impôts devra donc être capitalisé à ce taux, afin de reconnaître exactement son honorabilité matérielle.

B.

Exemples.

Lorsque, au moyen de ses impôts, un ouvrier peut démontrer qu'il gagne trois mille francs par an, soit par les objets de consommation de sa famille soit par les épargnes qu'il place ; — cet ouvrier représente véritablement un capital de *cent mille francs* dans la société.

Un autre ouvrier qui gagne 1,500 francs par an se reconnaît par les mêmes moyens, pour représenter, par conséquent, un capital de *cinquante mille francs* dans la fortune du pays et ainsi de suite pour tout le monde.

Ces citoyens doivent donc jouir dans l'administration des intérêts généraux de la société, d'une part proportionnelle au capital qu'ils représentent dans cette même société.

C.

Droits et devoirs publics.

Le devoir du citoyen libre et de bonnes mœurs consiste à jouir intégralement du privilège gouvernemental que lui donne **sa part** de fortune ou de travail dans l'administration des intérêts divers de son pays.

Mais, si les devoirs sont proportionnels au capital mobilier ou immobilier que chacun possède, ses droits aux secours mutuels doivent être égaux à ceux des autres citoyens.

Ceci représente l'égalité devant la nature.

Par ces motifs,

Les variations dans les droits aux indemnités ne se produiront que pour les risques de la vie, de l'incendie, des pertes industrielles, commerciales ou autres, etc., qui seront assurés aux citoyens par l'État, au moyen des impôts qu'ils paient ; —

L'impôt deviendra ainsi ce qu'il doit être, c'est-à-dire une prime d'assurance générale pour les intérêts matériels.

D.

Les vrais fonctionnaires.

2° Les risques d'un citoyen étant proportionnels aux intérêts matériels qu'il possède
dans une société, il est de toute justice que
les gens riches d'un pays soient à leur volonté
les hauts fonctionnaires *(s'ils en sont reconnus
capables)*, et ainsi de suite en descendant
l'échelle de l'honorabilité matérielle de chacun
des citoyens.

Cette situation est absolument conforme à
l'esprit des lois de la nature, elle laissera le
travailleur à son travail ainsi que l'artiste à
ses études, en leur donnant des fonctionnaires
d'autant plus honnêtes, qu'ils n'auront aucun
besoin d'exploiter leur haute situation comme
cela se voit quelquefois aujourd'hui.

Les hommes riches trouveront d'intelligentes
occupations dans les fonctions publiques sans
faire courir aucun danger à l'État social, si
jamais, par impossible, cela leur venait à la
pensée; parce qu'ils seront alors sous les ordres
des syndicats spéciaux et professionnels, fédérés par département.

Les riches fonctionnaires n'auront besoin que de leurs frais généraux pour toute rétribution, mais l'honneur qu'ils retireront de l'excellence et de la régularité de leurs services sera une rayonnante compensation à l'argent qu'ils toucheront en moins, argent dont ils n'auraient que faire vu l'état de leur fortune.

E.

Les arrivés.

Lorsqu'un industriel, un travailleur ou un commerçant du règne des collectivités sera arrivé à la fortune par son travail ou son intelligence, alors, il deviendra apte aux honneurs des fonctions publiques; — cette situation sera logique autant que raisonnable, en ce que : — celui qui a bien su diriger ses affaires est généralement plus habile qu'un autre à diriger celles de tout le monde, car celui-là connaît le fort et le faible de chacune des situations, tandis que les personnes qui occupent généralement les fonctions publiques sous le règne de l'individualisme, ne connaissent généralement rien en fait de la science pratique des relations d'intérêts.

Avec le règne des collectivités par le syndicat et la fédération, — les hommes riches posséderont donc l'honneur et l'argent, et cela d'une façon pour ainsi dire obligée, ce que ne représente pas toujours la situation actuelle de chacun des favorisés de la Fortune.

7°

Messieurs les industriels, propriétaires, travailleurs, artistes et commerçants français,

En venant vous conseiller d'administrer vous-mêmes vos affaires gouvernementales par l'organisation sociale des pères de famille fédérés professionnellement entre eux; — en venant, dis-je, vous démontrer que le système du gouvernement patriarcal d'où vient le beau nom de **Patrie** est le seul dont le fonctionnement soit conforme à l'esprit des lois de la nature; — je viens en outre vous donner les moyens certains d'économiser de **trois à quatre milliards de francs sur vos revenus annuels,** somme qui est dépensée réellement en trop sur les six milliards environ de francs composant les taxes d'État, de départements, de villes et de communes dont vous êtes annuellement les débiteurs vis-à-vis des hauts fonctionnaires vos employés, employés qui ne vous obéissent pas, mais auxquels, par la plus étrange des anomalies, vous obéissez servilement, vous, les pères de famille de la patrie, vous, les seuls maîtres de la France.

———

Les trois ou quatre milliards que j'ai l'honneur de vous convier à économiser chaque année, vous débarrasseront peu à peu des dettes que l'État de l'individualisme vous a imposées depuis si longtemps pour payer ses désordres; — par cet emploi paternel, cet argent rentrera dans le travail national dont il développera considérablement les moyens producteurs (1).

Puis, vous rachèterez peu à peu vos chemins de fer, afin que les prix de transport de vos marchandises, de vos personnes, de vos visiteurs étrangers ainsi que des membres de vos

---

(1) **Exemple.** Des fonds publics seront prêtés aux fermes-écoles cantonales pour l'acquisition d'un grand matériel, afin qu'aucun agriculteur-contribuable ne puisse être privé de l'emploi des machines agricoles nécessaires à ses cultures.

familles, s'abaissent jusqu'à des prix insigni-
fiants.

Vous ferez encore beaucoup de grandes et
utiles choses avec les trois ou quatre milliards
de francs que vous pouvez si facilement économiser chaque année, en faisant vous-mêmes
et sans intermédiaires vos affaires syndicales
et gouvernementales.

En plus, il vous restera encore assez de ressources sur ces sommes considérables, et dès la
première année de votre règne, pour honorer,
c'est-à-dire pensionner ceux de vos pères et
mères qui seront arrivés à l'âge du repos sans
avoir le moyen de vivre par leurs revenus ou
de leurs familles. — Puis, pour honorer, c'est-
à-dire pensionner momentanément les travailleurs malades ou en chômage obligé : — ainsi
que pour garantir les citoyens de l'ignorance
et partant de la misère, par l'instruction et
l'apprentissage gratuits et obligatoires.

Puis encore, pour assurer à tous les citoyens
la vie, l'incendie, les pertes commerciales et
autres.

Enfin, pour assurer chacun des risques des
contribuables français dont les impôts représentent, en somme, de larges primes d'assurances contre lesquelles l'État de l'individua-

lisme ne leur assure rien, si ce n'est les *guerres*, les *grèves*, les *invasions*, les *procès* et les *révolutions* périodiques.

Ces cinq spécialités de calamités publiques qui sont en réalité les cinq sens de l'individualisme, se produisent périodiquement par la division générale des pères de famille, ainsi que par la bataille de leurs intérêts.

———

L'on ne peut pas dire raisonnablement que les calculs établis dans le cours de ce chapitre ne sont pas de la plus scrupuleuse exactitude, car, en fixant à deux ou trois milliards (*soit deux milliards cinq cents millions*) la somme nécessaire pour payer les frais généraux et d'emprunts de la France, je donne en moyenne et annuellement trois fois plus d'argent qu'il n'en fallait pour payer ces mêmes frais dans le cours des premières années du Consulat et de l'Empire premier; — alors que la France, deux fois plus grande qu'aujourd'hui, était en guerre avec toute l'Europe.

En résumé, Messieurs,

— Depuis des siècles vous épargnez pour vos gouvernants; autrefois c'était par le servage du travail des champs, aujourd'hui c'est par la servitude des impôts et de l'argent. — Je viens donc vous convier d'épargner enfin pour vous-mêmes en faisant personnellement vos affaires gouvernementales. — Par ce moyen, vous jouirez de suite et annuellement de **trois à quatre milliards de francs de rentes,** que vous économiserez largement et avec la plus grande facilité sur les six milliards d'impôts de toute nature que vous payez;

Vous ferez cette colossale réserve, non-seulement sans aucune gêne pour chacun des multiples services publics de la France entière et de ses colonies, mais encore en développant votre bien-être à tous.

— J'appelle les trois à quatre milliards de francs que je vous convie à économiser chaque année, en faisant vous-mêmes vos affaires gouvernementales, *mes étrennes à notre patrie bien-aimée pour l'an de grâce 1880.*

Votre collègue dévoué.
J.-P. MAZAROZ.

Paris, 8 décembre 1879.

CONCOURS

OUVERT PAR M. ISAAC PÉREIRE

POUR L'ÉLUCIDATION DES QUESTIONS SOCIALES

———◆◆◆———

LE SOCIALISME PRATIQUE

100,000 francs de prix

M. Isaac Pereire fait annoncer dans *la Liberté* d'hier soir, qu'il fonde des prix d'une valeur totale de 100,000 francs pour l'élucidation des grandes questions sociales.

C'est une grande et généreuse pensée à laquelle nous applaudissons sincèrement.

(Extrait du *Petit Journal*, n° du 13 janvier 1880.)

Convaincu que la misère des masses est la cause directe et permanente de toutes nos révolutions, parce qu'elle résulte d'une mauvaise organisation et d'une application défectueuse des forces sociales; persuadé que la civilisation moderne, transformée par la science, éclairée par la raison, enrichie par le crédit, vivifiée par la liberté, moralisée par l'égalité, sanctifiée par la fraternité, peut remédier à ce mal organique PAR DE SIMPLES RÉFORMES PRATIQUES ET RATIONNELLES, sans rêver, comme le socialisme subversif, la destruction radicale de la société actuelle et la reconstruction d'une société idéale dans le domaine de l'utopie, il fait appel à tous les esprits sérieux et impartiaux et ouvre un concours solennel pour chercher la meilleure solution du problème redoutable du paupérisme.

M. Isaac Pereire affecte à cette œuvre de hautes études sociales une somme de

100,000 FRANCS

qui sera divisée en quatre séries de prix correspondant aux quatre sujets mis au concours et embrassant les termes essentiels du problème.

Nous publions ci-dessous le programme des

questions proposées. Il est impossible de ne
pas être frappé de leur portée et de leur grandeur.

La première comprend la recherche générale
des moyens que la société contemporaine possède et qu'offre le progrès des sciences sociales
pour atténuer considérablement, sinon guérir
complètement, les misères des classes les plus
malheureuses.

Les trois autres, entrant plus spécialement
dans les détails d'application, ont pour objet :

La deuxième, le développement de l'instruction publique à tous les degrés ;

La troisième, l'organisation du crédit dans
l'intérêt du travail et du travailleur ;

La quatrième, la réforme des impôts, dans
le but de répartir plus équitablement les charges
sociales.

*Le socialisme pratique, celui qui, par le bien-
être du peuple, serait un puissant élément d'ordre et de prospérité, celui qui redresserait toutes
les erreurs et tous les vices de l'organisation
actuelle sans en ébranler les bases essentielles* (1),

---

(1) Réponse préliminaire aux trente-huit mots souli-
gnés : **On ne peut pas adorer Dieu et Mammon.**

celui qui fonderait la vraie démocratie en réa-
lisant la pensée civilisatrice de 89 et fermerait
enfin l'ère fatale des révolutions, est tout entier contenu dans les quatre questions fonda-
mentales formulées par M. Pereire.

Plût à Dieu qu'elles fussent toujours présentes
à l'esprit de nos hommes d'État; comme nous
les soumettons aux méditations de tous les
hommes de science !

A l'œuvre donc, intelligences d'élite et cœurs
dévoués! Creusez ces grands et terribles problèmes et rappelez-vous qu'en en cherchant la
solution, c'est à la loi directrice, à l'avenir et
au bonheur de la société moderne que vous tra-
vaillez !

(Journal *la Liberté* du 12 janvier 1880.)

Voici, par ordre alphabétique, la liste des
personnages éminents qui ont accepté de faire
partie du jury d'examen :

MM.

ABOUT, président de la Société des gens de
lettres, directeur du journal *le XIXᵉ Siècle*.

BERTRAND (Joseph), secrétaire perpétuel de l'Académie des sciences.

BRISSON, vice-président de la Chambre des députés.

CARNOT, sénateur.

CHARTON, sénateur.

COURCELLES-SENEUIL, conseiller d'État.

DUMAS (Jean-Baptiste), secrétaire perpétuel de l'Académie des sciences, membre de l'Académie française.

GARNIER (Joseph), sénateur, membre de l'Académie des sciences morales et politiques.

DE GIRARDIN (Émile), député, directeur du journal *la France*.

JOURDE, président du Syndicat de la presse, directeur du journal *le Siècle*.

DE PARVILLE, rédacteur scientifique au *Journal des Débats*.

PASSY (Frédéric), membre de l'Académie des sciences morales et politiques.

PEREIRE (Isaac).

SCHULZE-DELITZSCH, économiste, membre du Reischtag.

SÉE (Camille), député.

En remerciant vivement nos confrères de la presse française et étrangère de la publicité

qu'ils ont bien voulu donner au progamme
du concours ouvert par M. Pereire, et de
l'appréciation sympathique qu'ils en ont faite,
nous les prions de vouloir bien reproduire,
parmi les renseignements qui précèdent, ceux
qui complètent nos premières indications.

(Journal *la Liberté* du 2 février 1880.)

1657

PORTRAIT
D'UN SYNDIC des ANCIENNES
CORPORATIONS DANS SON
COSTUME de MAGISTRAT POPULAIRE

QUAND les LIBERTÉS COLLECTIVES FONCTIONNENT LÉGALEMENT, les SYNDICS
CORPORATIFS SONT de DROIT ÉCHEVINS & JUGES CONSULAIRES, les INTÉRÊTS
des CITÉS SONT donc ADMINISTRÉS par les INTÉRESSÉS EUX-MÊMES

SYNDIC
DE LA CORPORATION DES MERCIERS DE LA VILLE DE PARIS
REPRODUIT PAR LA PHOTOGRAVURE D'APRÈS UN
PORTRAIT AUTHENTIQUE
QUI SE TROUVE
DANS LA SALLE DU SYNDICAT GÉNÉRAL DE L'UNION NATIONALE DES CHAMBRES SYNDICALES
10, rue de Lancry, 10
PARIS

LE SOCIALISME PRATIQUE.

> Le paupérisme est né
> en France le jour même
> de l'abolition des cais-
> ses de prévoyance des
> compagnons des corps
> d'arts et métiers, par les
> constituants de 1791 (1).

A Monsieur ISAAC PEREIRE,

Économiste,

35, Faubourg Saint-Honoré,

PARIS.

Paris, le 25 janvier 1880.

Monsieur,

Les souffrances des populations laborieuses qui laissent en général le monde indifférent vous ont

---

(1) Séance de l'Assemblée Nationale du mardi 14 juin 1791.

LE CONSTITUANT CHAPELIER. « Je viens au nom de » votre comité de constitution, vous déférer une contra- » vention au principe constitutionnel qui supprime les » corporations, contravention de laquelle naissent de pourtant ému, parce que vous sentez que leur nombre de plus en plus grand et leur intensité

» grands dangers pour l'ordre public. Plusieurs per-
» sonnes ont cherché à recréer les corporations anéan-
» ties, en formant des assemblées d'arts et métiers..

» Les premiers ouvriers qui se sont assemblés, en
» ont obtenu la permission de la municipalité de Paris.
» — A cet égard, la municipalité paraît avoir commis
» une faute...

» Il n'y a plus de corporations dans l'État, il n'y a
» plus d'intérêts communs, il n'y a plus que l'intérêt
» particulier de chaque individu et l'intérêt général..

» Les assemblées dont il s'agit ont présenté, pour
» obtenir l'autorisation de la municipalité, des motifs
» spécieux : — elles se sont dites destinées à procurer
» des secours aux ouvriers de la même profession,
» malades ou sans travail ; — ces caisses de secours
» ont paru utiles ; — mais qu'on ne se méprenne pas
» sur cette assertion : c'est à la Nation, c'est aux offi-
» ciers publics en son nom, à fournir des travaux à
» ceux qui en ont besoin pour leur existence et des
» secours aux infirmes, etc. »

Ces incroyables théories ont été adoptées à l'unani-
mité par les économistes de la constituante de 91. —
Comme on le voit, ces économistes n'ont pas craint de
proclamer le COMMUNISME LÉGAL pour empêcher la reconstitution des caisses de prévoyance des ouvriers de Paris,
afin de les plonger définitivement dans la servitude
législative par l'établissement du paupérisme des
classes laborieuses.

de plus en plus vive décèlent un grand vice social auquel il n'est que temps de porter remède.

Vous pressentez l'immense révolution qui se prépare, et, comme chacun des gens intelligents, vous redoutez qu'elle ne renverse la plupart des intérêts privés, les vôtres aussi bien que ceux des autres, et vous avez raison, car c'est cela qui va arriver bientôt si nos classes dirigeantes ne répondent pas de suite à votre appel.

Mais, lorsque vous dites que l'on peut remédier au mal organique qui dévore les sociétés modernes par de simples réformes pratiques et rationnelles ; mais, lorsque, lisant les considérants de votre journal je vois préparer les épithètes de rêveurs et d'utopistes dont seront peut-être qualifiés ceux qui, dans leurs réponses, vous dévoileront toute la grandeur du mal en vous proposant le seul remède à y apporter, — je dis que vous auriez tort, avec autant de conviction que je viens de vous donner raison en vous croyant placé à un autre point de vue.

En un mot, le remède que vous semblez demander exclusivement au socialisme politique ne peut venir de là, parce que là est le mal, et la guérison du mal par le mal est une subtilité de langage qu'il faut laisser à certains docteurs du corps humain, mais qui ne peut sortir de la bouche d'hommes sérieux relativement au traitement du corps social.

A force de s'occuper de réformes soi-disant rationnelles, la France est arrivée à l'état critique que j'ai esquissé dans le bilan financier ci-dessus; — il n'est donc plus temps de continuer à charlataniser, comme on le fait indiscontinument à ce sujet depuis le lendemain du 4 août 1789.

* *

De même que chacune des choses intelligentes de la vie militante, vos quatre questions sont composées moralement d'une âme et d'un corps; — cette dualité fonctionnelle de toute chose a été appelée la lettre et l'esprit par le Maître.

Je dois naturellement commencer par répondre à l'esprit de vos questions, afin de constituer le corps de ma réponse générale, à laquelle j'assigne le but de modifier celui de vos demandes dans le sens de la manière de voir que je vais avoir l'honneur de vous soumettre.

Vous comprendrez de suite que, — étant travailleur moi-même, l'intérêt public dans lequel j'ai ma part m'anime encore bien davantage en ce moment, que l'espoir de remporter vos prix en répondant bien à vos demandes; — du

reste, les derniers temps arrivant à grands pas ;
par suite, il pourrait bien se faire que vos récom-
penses soient difficiles à décerner, vu l'état dans
lequel se trouvera l'Europe à l'époque que vous
fixez.

Sauf cet empêchement qui est possible, le
moment choisi pour ouvrir ce concours que
j'appellerai *celui de la vie contre la mort*, est
solennel ; jamais les intérêts matériels des classes
de la société n'ont paru être aussi âpres à la
curée qu'aujourd'hui.

*
* *

Voici une demande préliminaire que j'ai l'honneur de vous faire, ainsi qu'à chacun de Messieurs les autres membres de votre Jury d'examen.

Sans vous prier d'effacer en vous les craintes
imaginaires des intérêts mal entendus, enfin, sans
vous solliciter de sortir moralement et momentanément du genre humain pour pouvoir apprécier plus librement la valeur véritable des
remarquables travaux économiques qui vont sans
doute vous être présentés — je vous demande
d'écouter exclusivement avec votre cœur et votre
esprit ce que je vais avoir l'honneur de vous
exposer ; cela veut dire, en ne considérant que

les intérêts du pays ou plutôt ceux 'du *peuple entier*, puis, en rejetant loin de vous toute espèce de préoccupation pour les intérêts d'un parti politique quelconque.

Ceci dit et la portée de mes paroles bien comprise par votre haute intelligence pratique, je vais me placer presque exclusivement sur un terrain qui est le vôtre, — en un mot, je viens vous parler le langage des chiffres.

La réponse générale à vos quatre questions est, en effet, intitulée : Bilan Financier de la France, deuxième édition, complétée; — elle forme le dernier chapitre, c'est-à-dire le résumé général de mon principal ouvrage économique.

La réponse particulière qui suit est construite dans l'ordre sacramentel des trois points, ordre indispensable à la clarté de tout bon discours.

RÉFORMES
PRATIQUES ET RATIONNELLES.

1°

Exposé.

Vous préconisez les réformes pratiques et rationnelles; — or, comme ce mot représente la

totalité du progrès réalisable par la politique,
la logique m'engage à vous présenter dès l'abord
— *l'amélioration des forces gouvernementales
actuelles par les moyens anodins, mais choisis
entre les plus efficaces.*

Si les hauts gouvernants de l'empire tombé
n'avaient pas eu l'inconsciente mission d'être les
fossoyeurs de notre société bâtarde, enfin, de
conduire notre monde en décomposition au
cimetière des fausses civilisations; — en un
mot, si deux ou trois des hommes d'argent
qui étaient au pouvoir à cette époque néfaste,
avaient seulement senti couler dans leurs veines
un peu du sang des grands despotes de l'histoire; — voici les réformes pratiques et rationnelles qu'ils auraient décrétées, *réformes* au
moyen desquelles notre société moribonde aurait pu et pourrait peut-être encore être galva-
nisée pour vingt ou trente nouvelles années.

2°

Deux des grands privilèges de notre société.

Il y a en France deux formidables faisceaux
de puissances privilégiées qui fonctionnent au-
dessous du pouvoir; — ces puissances tiennent

dans leurs mains les destinées du commerce et
de l'industrie, l'agriculture et la viticulture dé-
pendent d'elles ; cela veut dire que nos forces
nationales vivent, végètent ou meurent au gré
de ces deux puissances despotiques.

Ces deux puissances sont :

1° L'organisation générale de toutes les
branches de la haute finance, protégée par des
lois ;

2° L'organisation privilégiée des transports
par les voies ferrées.

La première de ces puissances a pour organes
principaux la Banque de France et la Bourse.

La deuxième est représentée par les grandes
compagnies de chemins de fer.

Le peuple des travailleurs et propriétaires
français ne peut acheter ni vendre, enfin, mouvoir
si peu que ce soit ses intérêts producteurs,
qu'au gré de ces deux puissances privilégiées et
aux prix qu'elles veulent bien coter leurs services. — Aussi, ces deux fabriques officielles de
paupérisme étouffent peu à peu les forces vitales
de notre pays ainsi que celles de l'Europe ; —
après l'impôt de la servitude, leurs abus représentent les principales causes de la ruine matérielle des sociétés modernes que je viens de
constater par le bilan financier de la France.

3°

Réformes à opérer de suite.

PREMIER DÉCRET.

1° Les chemins de fer représentent désormais une industrie libre, outre les garanties d'usage, les permis d'établir les nouvelles lignes seront donnés contre le simple engagement de marcher à une époque déterminée.

2° Les trains de toute classe, ainsi que ceux de marchandises, doivent marcher d'une égale vitesse, qui est la grande.

3° Les tarifs des chemins de fer seront tous révisés dans les trois mois, les commissions supérieures de révision seront composées des députés des arrondissements traversés, de deux délégués du commerce et de l'industrie par arrondissement, puis des administrateurs de chacune des grandes lignes ferrées à tarifer.

DEUXIÈME DÉCRET.

1° L'établissement d'une banque générale des sept grandes puissances européennes, avec une branche nationale dans chaque capitale et des sous-branches dans les villes importantes de province, sera provoqué dans un grand congrès international composé des délégués du commerce et de l'industrie de tous les pays auxquels cette banque générale profiterait.

Chaque branche nationale de cette banque générale ne jouira que de la moitié disponible dans les bénéfices du papier-monnaie qu'elle aura le privilège d'émettre; — l'autre moitié servira à abaisser d'autant le taux universel de l'escompte des billets à ordre du commerce, de l'industrie et de la propriété.

2° Par la raison que l'on ne peut pas prêter de l'argent sans en avoir, les achats de Bourse ne pourront plus s'effectuer à crédit, à découvert ni à terme.

3° Les deux milliards de francs en métaux précieux qui sont en ce moment inactifs à la Banque de France seront prêtés à l'agriculture française, qui périclite et meurt de besoin d'argent et d'USURE LÉGALE, puisqu'elle est forcée d'emprunter sur hypothèque à 5 0/0 l'an *(ce qui lui revient à 7 0/0 avec les frais et commissions)*, lorsque ses terres ne lui rapportent en moyenne que 1 1/2 à 2 0/0 de leur valeur vénale.

Deux milliards de billets de Banque garantis par l'État remplaceront les deux milliards de valeurs métalliques pris à la Banque, lesquels seront prêtés à l'agriculture, à raison de 3 0/0 l'an y compris l'amortissement, savoir :

A. Un pour cent pour amortissement des prêts hypothécaires en quarante ans, frais de bureaux, d'enregistrement, etc., compris.

B. Un pour cent pour l'État en remplacement de l'impôt sur les allumettes et de celui des acquits de factures qui sont vexatoires et font perdre un temps énorme aux industriels et commerçants.

C. Un demi pour cent pour la Banque, et le dernier demi pour cent pour diminuer les transports des machines et engrais utiles à l'agriculture en général.

Ces réformes rationnelles, qui peuvent être mises dès demain en pratique sont loin de représenter celles que je désire pour sauver radicalement notre pays; — mais, les principales de ces réformes arrêteraient momentanément et comme avec un frein puissant, l'activité vertigineuse de la décomposition des forces matérielles de notre société.

SITUATION GÉNÉRALE
DE L'AGRICULTURE
ET DE LA VITICULTURE FRANÇAISE
EN 1880.

Les éléments chimiques nécessaires à la bonne constitution productive de nos territoires n'existent plus en qualité suffisante dans nos cantons, nos récoltes ont des variations de plus en plus grandes depuis trente ans environ, enfin elles accentuent régulièrement une marche vers la baisse.

Celles de nos propriétés rurales dont les produits ne vaudront plus la culture seront abandonnées aux herbages; — alors, par les éléments naturels qui sont le soleil, la pluie, l'atmosphère et les sous-sols minéraux, elles se reconstitueront peu à peu. — Mais il y aura une période de misère fort douloureuse à traverser si les hommes de bonne volonté ne décident le gouvernement à prendre d'énergiques mesures.

La science officielle n'a pu avertir les agriculteurs et les viticulteurs de cette situation, — parce que ses adeptes ne savaient pas cela, vu qu'ils n'admettent nullement le principe des forces collectives de la Nature, n'ayant reconnu jusqu'ici que le système individuel.

La science officielle repousse les causes, elle ne constate que les résultats, en un mot, elle analyse toujours et ne synthétise jamais.

Cela est commode, mais fort dangereux.

Les plus intelligents des agriculteurs et des viticulteurs français, instruits par l'expérience, savent aujourd'hui par mes ouvrages que leurs territoires sont les véritables ouvriers de la végétation générale, ouvriers qu'il faut nourrir et soigner afin d'entretenir harmonieusement leurs forces productives par un bon travail et de bons engrais, pris dans le sein de leurs pères nourriciers qui sont les règnes minéral et végétal.

Malheureusement, la plupart des agriculteurs et viticulteurs qui savent cela sont presque tous ruinés aujourd'hui par l'usure, les mauvaises récoltes et par la concurrence des blés d'Amérique, ces cultivateurs n'ont donc plus le moyen de remonter les forces productives de leurs terres avec leurs propres ressources.

Il y a un remède efficace et même souverain à ce mal aussi grand que dangereux à tous les points de vue, pour la paix et la fortune publique.

Ce remède est celui que j'ai proposé; il est représenté par les syndicats de propriétaires ruraux, constitués par cantons dans l'association des conseillers municipaux.

Je n'ai pas encore été entendu, parce que des spéculateurs haut placés ayant intérêt au *statu quo*, ont réussi à boucher jusqu'ici toutes les oreilles administratives.

Puisque vous êtes chargé de chercher les remèdes pour anéantir la misère publique, je viens vous proposer, Messieurs, ceux que j'indique dans mes ouvrages, comme étant les seuls capables de sauver notre viticulture, puis, notre agriculture.

Première proposition.

Attendu que la cause des insectes nuisibles à l'agriculture et à la viticulture réside généralement dans l'épuisement plus ou moins avancé des qualités chimiques de nos territoires.

Attendu que ce cas est exactement celui des vignes françaises attaquées par le phylloxéra.

Attendu que, comme tous les épuisements possibles, celui de nos vignobles ne peut être annulé que par la reconstitution.

Arrête:

ART. 1ᵉʳ. — Les vignobles français seront reconstitués et les qualités chimiques de leurs territoires restituées par les moyens et agents que la nature met à la disposition de l'homme.

ART. 2. — Les engrais employés seront des engrais vifs pris dans les deux premiers règnes de la nature, puis, mélangés par moitié et préparés par le broyage, le concassage, et le hachage à être assimilés de suite à la terre, c'est-à-dire à être rendus immédiatement à la végétation.

ART. 3. — Le fumier qui est un élément corrompu et par conséquent porteur de vermine, est généralement proscrit pour la reconstitution de nos vignobles qu'il fatiguerait inutilement, puisqu'il ne contient presque plus de forces végétales, vu que ses éléments chimiques sont volatilisés ou en décomposition, c'est-à-dire à peu près absents par les pluies et le séjour à l'air.

ART. 4. — Sont exceptés : le fumier frais de cheval pour les vignes basses, puis, les boues des routes chargées de fer et de silice mélangées avec de la terre de pré, pour augmenter la terre des vignes de côtes, laquelle terre descend généralement et peu à peu dans les terrains bas, par les pluies en temps d'orage et par les vents dans les sécheresses.

Deuxième proposition.

Attendu que les petits et moyens propriétaires viticoles sont à peu près tous ruinés ou
très gênés par les dix années de ravage du phylloxéra et de l'oïdium, puis par les usuriers.

Attendu en plus qu'il faut agir d'ensemble
et en général contre le fléau afin de rétablir
peu à peu et harmonieusement la prospérité
dans nos campagnes.

Attendu également qu'il n'existe qu'une seule
force à employer pour arriver à ce résultat et
que cette force, c'est l'association.

Arrête :

ART. 1er. — L'association agricole et viticole
sera organisée librement par les syndicats de
propriétaires communaux, lesquels seront pro-
tégés par les conseils municipaux réunis par
délégués dans des assemblées d'arrondissements, présidées par les préfet et sous-préfets.

ART. 2. — Les communes, les départements
et au besoin l'Etat prêteront des fonds aux
syndicats de propriétaires associés pour leurs
intérêts communs dans les conseils municipaux,
afin de favoriser la puissance et le bon marché

des moyens employés pour la reconstitution de 'nos richesses viticoles et agricoles.

ART. 3. — Les conseils établis pour la reconstitution de nos territoires, s'adjoindront les membres des comices agricoles de chaque région et prendront toutes mesures protectrices telles que, conservation des oiseaux, empêchement de laisser pourrir les plantes, pailles et fientes d'animaux sur ces foyers de corruption et de miasmes impurs, appelés les fumiers et maltras de villages et de bourgs, etc.

ART. 4. — Les syndicats de propriétaires, organisés en vue de la reconstitution de nos richesses agricoles, feront rédiger un bulletin du cultivateur qui paraîtra sous forme d'affiches en gros caractères, lesquelles seront apposées, chaque semaine dans les bourgs, villages ou hameaux; — ce bulletin indiquera sans longues phrases, c'est-à-dire en peu de mots :

A. — *Les soins principaux et de tous les temps que les cultivateurs doivent prendre relativement aux travaux viticoles et agricoles, pour obéir aux lois générales de la végétation ainsi qu'à celles de l'hygiène.*

B. — *Les soins à prendre et les opérations à faire pour le moment de l'année dans lequel paraîtra chacun des bulletins du cultivateur.*

C. — *Les nouvelles des bons résultats obtenus dans l'arrondissement ou les arrondissements voisins par les travaux de régénération de nos territoires agricoles et viticoles qui seront conseillés, etc., etc.*

Troisième proposition

POUR LE CRÉDIT A BON MARCHÉ DE L'AGRICULTURE.

Attendu que les populations rurales ont encore assez d'argent pour se constituer elles-mêmes un crédit hypothécaire mutuel. — Mais que des sociétés financières viennent drainer à bas intérêts les capitaux des propriétaires.

Arrête :

ART. 1er. — Des banques mutuelles et départementales seront créées au profit de l'agriculture et de la viticulture française ; — ces banques feront le service financier complet des agriculteurs et des viticulteurs.

ART. 2. — Les banques mutuelles de l'agriculture sont autorisées à prêter en première hypothèque la moitié de la valeur estimative des propriétés rurales à trois pour cent amortissable en quarante ans.

Art. 3. — Les banques mutuelles de l'agriculture paieront deux pour cent par an tous les dépôts disponibles en comptes courants par chèques.

Art. 4. — Les banques mutuelles de l'agriculture sont autorisées à émettre en billets de banque à vue avec coupures de 5 francs, 10 francs, 20 francs, 50 francs, 100 francs, 500 francs et 1,000 francs, le montant de tous leurs prêts hypothécaires; — ces billets de banque seront donc des valeurs hypothéquées sur une valeur foncière double de leur montant.

Art. 5. — Les bénéfices de chacune des banques départementales de l'agriculture resteront dans leurs caisses et s'entasseront constamment à titre de fonds de réserve, comme étant la propriété de tous les cultivateurs et viticulteurs de chaque localité, présents et à venir, au prorata du chiffre de leurs affaires.

Instruction. — *Par le moyen des banques mutuelles départementales, les cultivateurs et viticulteurs français seraient complètement affranchis de l'usure; — en effet, ils paieront deux pour cent d'intérêt pour leurs emprunts hypothécaires, puisque le dernier un pour cent sera attribué aux frais et à l'amortissement, — et il leur sera payé le même intérêt, soit deux pour cent, pour leurs fonds qui seront néanmoins toujours à leur disposition dans leur banque ou dans ses succursales;*

En plus, et grâce à l'escompte des billets que les agriculteurs et viticulteurs souscriront aux syndicats des propriétaires, pour reconstituer à crédit la richesse végétale de leurs propriétés rurales, les bénéfices seront considérables; les banques départementales qui feront ces opérations, encaisseront encore des bénéfices énormes grâce aux billets de banques hypothécaires et à vue.

RÉPONSES PARTICULIÈRES.

PREMIÈRE PARTIE

LE PRINCIPE SOCIAL DU MAL
ET SON UNIQUE REMÈDE

> L'arbre social de la science du bien et du mal n'a que deux genres de fruits :
>
> Le fruit du mal, qui s'appelle **la division** des intérêts.
>
> Le fruit du bien, qui s'appelle **la réunion**, c'est-à-dire l'entente et la conciliation des in-térêts.

1

Exposé

Les sociétés modernes sont exclusivement com-posées de classes sociales représentées à peu près chacune par un grand parti politique.

— Malgré un changement de nom, les classes sociales modernes sont évidemment la suite des classes sociales antiques, lesquelles étaient elles-mêmes la continuation des castes de l'Inde, telles qu'elles existaient aux temps primitifs de l'humanité historique.

Nos classes sociales ont chacun des principaux défauts des castes de l'Inde; leurs prolétaires ne sont autres, en effet, que de véritables parias; il est vrai qu'ils ne sont plus marqués par une brûlure au front comme ceux de l'Inde antique, mais la classe sociale des prolétaires modernes qui a pris naissance le jour même de l'anéantissement des corps d'arts et métiers est véritablement une classe de rejetés comme celle des parias indiens; — le sort des prolétaires est même pire, puisqu'ils sont soumis sans aucun bénéfice et dans de larges proportions, aux taxes et contributions de l'État par la voie indirecte du travail et de la consommation.

De même que les fondateurs des castes de l'Inde, les législateurs-conquérants de la société moderne parquent les populations dans des espèces de cercles contournant graduellement le globe social de notre nation, exactement comme ceux d'une orange d'Afrique contournent par superposition chacun de ces fruits depuis et y compris l'écorce jusqu'au cœur; — ces cercles appelés classes, dans les sociétés, sont si bien établis par l'égoïsme des intérêts, qu'ils ne sont presque jamais franchis au moyen des mariages dans les familles composant les uns et les autres.

Les cercles, castes, partis politiques ou classes, des sociétés sont au nombre de cinq principaux, savoir :

1° Les familles de l'ancienne noblesse s'alliant toujours entre elles, font généralement partie du principe politique appelé « la Légitimité »;

2° Les familles de la haute bourgeoisie s'allient également entre elles, elles adoptent généralement aujourd'hui le parti politique de « l'Orléanisme »;

3° Les classes moyennes voient également les familles dont elles sont composées s'allier exclusivement entre elles.

Dans la crainte des révolutions ainsi que dans celle du despotisme des classes supérieures, les classes moyennes ont cru voir autrefois leur émancipation dans l'adoption du parti bonapartiste; — mais, désabusées par les vingt années du deuxième empire et surtout par les guerres de 1870-1871, les classes moyennes de toute la France se sont en général ralliées au parti républicain dont elles constituent le côté conservateur ;

4° La classe ouvrière se meut également dans le cercle vicieux que le système social de l'individualisme lui a imposé depuis la destruction des corps d'arts et métiers; pourtant, de temps en temps les plus rangés des ouvriers pères de famille s'établissent, réussissent, et passent ainsi dans les classes moyennes; mais il y en a tant qui sombrent et dont les faillites sont déclarées par mille et douze cents, chaque année, à Paris seulement.

Les véritables ouvriers, c'est-à-dire ceux qui travaillent, sont généralement socialistes.

La classe ouvrière est celle du prolétariat dont je considère les membres comme les parias modernes; — et pourtant, l'émancipation du prolétariat par l'organisation du travail dans la famille professionnelle rendrait les autres classes de la société beaucoup plus riches, mais surtout beaucoup plus sûres de la jouissance continuelle de ce qu'elles possèdent; il faut donc encore répéter à ce sujet : il n'y a qu'un bien, *savoir*, et qu'un mal, *ignorer*.

5° Puis, et au travers des quatre principales classes de la société, il y a l'immense caste des

déclassés ; — laquelle est généralement composée des faiseurs, des fainéants, des impro-
ductifs, c'est-à-dire de ceux qui ne veulent pas
travailler, en demandant à toutes les espèces de
spéculations le pain et l'avenir que le travail organisé leur donnerait pourtant si généreusement.

*La caste des déclassés, absolument inconnue
du temps des corporations, est exclusivement
l'œuvre du système social de l'individualisme pur.*

Les ruinés et les politiciens font également
partie de cette nombreuse classe qui se recrute
parmi toutes les autres et dont elle représente
pour ainsi dire les détritus, le limon et les bas-
fonds. — La caste des déclassés renferme également les ouvriers qui ne travaillent pas, ainsi
que les pratiquants de chacun des métiers inter-
lopes de la capitale ; — les déclassés doivent
disparaître des sociétés dans lesquelles ils n'auront plus aucune place à occuper, lorsque les
nations seront organisées par le travail et les
intérêts comme vous paraissez le désirer.

2

Observation au sujet de l'exposé ci-dessus.

Veuillez ne pas prendre le change, Monsieur,

sur le raisonnement qui précède, en pensant
que mon désir est de voir les classes hautes,
basses et moyennes de la société s'allier par des
mariages entre leurs enfants ; — non, l'éducation, la position, les intérêts et les tendances
rendent cela impossible, absolument inutile et
même dangereux; — je ne désire donc pas plus
ce résultat que celui du greffage des buissons
sur les chênes, je désire simplement que, dans
notre société, les buissons reçoivent, comme
dans la nature, une protection atmosphérique
(si je puis m'exprimer ainsi) égale en proportion
à celle dont jouissent les chênes, ce qui n'existe
absolument pas aujourd'hui.

Chacun des pères de famille doit toujours
allier ses enfants selon leurs cœurs; ces alliances
seront facilitées par le rétablissement des réunions familiales des temps patriarcals, réunions
qui ont été remplacées de nos jours par les
cercles, les cafés, les marchands de vins et les
assommoirs : — enfin, ce que je demande
comme vous allez le voir, c'est une société familiale dans laquelle les intérêts communs soient
organisés, mais non point séparés et ennemis
les uns des autres comme ils le sont actuellement.

Il faut donc que les familles composant les

classes sociales continuent à rester chacune dans leur plan, jusqu'à ce que celles riches ou aisées aient intérêt à se retremper, en s'alliant aux courageux enfants des plans inférieurs qui seront parvenus à s'élever par le travail, grâce à l'instruction professionnelle mise à la portée de tous.

Ce résultat se produisait tous les jours dans les anciennes corporations, dont les maîtres avaient l'intelligence de donner leurs filles en mariage à leurs apprentis lorsque ces derniers étaient devenus capables de bien diriger une maison industrielle; — m'est avis que cela était plus intelligent que de les donner à des fils de gens qui vivaient noblement, cela veut dire qui ne faisaient rien de leurs dix doigts.

Le diable tente celui qui ne travaille pas, disait un vieux proverbe corporatif; — en conséquence, les savants maîtres des corporations éloignaient prudemment les oisifs de leurs familles.

Cette excellente méthode de nos pères se généralisera complètement, lorsque les familles industrielles auront une existence légale au travers des classes actuelles de la société.

3

Proposition préliminaire
pour le changement des cercles sociaux
en secteurs ou familles sociales.

Les castes ou classes sociales qui représentent chacune un intérêt politique, c'est-à-dire un intérêt de convention, sont, comme je viens de le dire, de véritables cercles superposés les uns sur les autres, lesquels tournent autour d'un noyau opaque appelé le pays, noyau qu'elles forment, enveloppent et étouffent à la fois, sans jamais se mélanger entre elles (1).

Par leurs rapports, leurs frottements et leurs luttes, les classes de la société enveniment constamment leurs relations d'intérêts factices. — Cette malheureuse division contient aussi un

_____

(1) Le règne successif de chacune des classes sociales a été appelé celui de Saturne, — parce que la planète ainsi nommée possède deux cercles qui l'entourent, — cercles dont l'influence doit diriger la vie, les saisons, enfin les multiples destinées de tous et chacun des habitants de cet astre magnifique; — et aussi, parce qu'à l'exemple du vieux Saturne, le système social de l'individualisme dévore chaque jour ses enfants les uns après les autres.

danger permanent qui est celui des émeutes et
révolutions périodiques ; — en effet, la classe
des rejetés est toujours prête à tendre l'oreille
à chacune des suggestions de révolte que lui
présentent constamment les nombreux déclassés
de la société, qui trouvent en elle les points
d'appui nécessaires pour renverser les hommes
qui sont au pouvoir, ou au moins pour les faire
chanter.

Ce grand danger des gouvernants de notre
système social a été évité par le deuxième
empire comme je l'explique pages 81, 82 et 83
de mon dernier chapitre ci-dessus ; — mais en
évitant l'écueil de Charybde, le deuxième empire
a été forcé de tomber dans celui de Scylla,
parce que personne ne peut éviter la punition
atteignant toujours et fatalement ceux qui s'é-
loignent du respect des lois naturelles, gouvernements, sociétés ou individus.

***

La division des sociétés en castes ou partis
politiques a préparé chacun des malheurs publics
qui ont frappé notre pays depuis le moyen âge :
— il faut donc arriver à annuler les effets de
l'isolement des classes sociales en les fractionnant

par familles professionnelles syndiquées entre
elles par département, puis, en fédérant ces
familles par un syndicat national siégeant à Paris.

C'est là le remède unique et suprême au mal
social qui ronge notre pays.

Chacune des familles professionnelles d'un
centre quelconque sera naturellement composée
des plus riches jusqu'aux plus malheureux de
leurs adhérents, en passant par chacune des
situations de la fortune et du bien-être ; — les
familles professionnelles ainsi composées seront
solidaires par professions dans tout le pays ; —
par ce moyen, elles rayonneront du centre aux
extrémités des sociétés, — ainsi que des extrémités aux centres, — en les vivifiant avec toutes
les forces de leurs adhérents, tandis qu'aujour-
d'hui, les classes sociales rendent la société française maladive en l'enveloppant de leurs cercles
d'intérêts factices dont je viens d'expliquer brièvement la formation et le fonctionnement.

En un mot, — pour conformer complètement
l'organisation de la société aux lois de la nature,
il faut réunir la Nation par professions, au lieu de
continuer à la diviser par positions de fortune.

Je viens donc vous proposer, Monsieur, d'a-
dopter comme base et point de départ du projet
de socialisme pratique que vous voulez récom-

penser, l'épigraphe de la première partie du dernier chapitre de mon principal ouvrage économique (2° édition); cette épigraphe est ainsi conçue :

La division exclusive des populations en classes, couches sociales ou partis politiques, représente la mort à plus ou moins long délai des sociétés qui subissent leur joug; — en ce que cette division, opposée à l'esprit de famille, exclut la conciliation entre chacun des intérêts des hommes.

Nos efforts doivent donc avoir pour but de réunir les classes de la société en un seul et unique grand parti politique qui est celui de la France.

4°

Turgot.

La réforme sociale esquissée ci-dessus doit être le premier acte d'une nation, qui veut organiser les relations de ses enfants dans le but de leur garantir à tous l'assurance du lendemain par le travail; — cette réforme représente exactement la mise à exécution *du Mémoire sur les Municipalités* présenté à Louis XVI par son ministre Turgot.

En donnant satisfaction aux intérêts qui auraient été représentés par les intéressés eux-mêmes, le Mémoire des Municipalités aurait empêché
la grande Révolution d'être détournée de son
but par les politiciens, s'il avait été adopté par
le roi ; — parce que la mise à exécution de ce
mémoire célèbre aurait accompli peu à peu
pacifiquement, mais entièrement, toutes les réformes décrétées dans la nuit du 4 août 1789 ainsi
que celles inscrites sur les cahiers des Députés
aux États-Généraux.

L'adoption de ce mémoire, désirée par le roi
mais repoussée par les délégués de l'ancienne
noblesse ayant les frères du roi et la reine à leur
tête, aurait pourtant sauvé Louis XVI et les
nobles français de l'échafaud et de l'émigration (1).

Vous demandez que les répondants à votre
appel s'inspirent des œuvres de Turgot?

Vous voyez, Monsieur, que j'appuie entièrement
la réforme fondamentale que je vous présente sur
l'acte principal de l'homme que les économistes
ont pris pour chef, sans suivre aucunement l'esprit d'opposition à tous les privilèges qui a

---

(1) Voir le chapitre premier de mon livre intitulé :
les Chaînes de l'Esclavage moderne.

exclusivement dirigé ses actes et même ses erreurs.

Résumé de cette première partie.

Les ennemis de tous les changements dans leurs habitudes et partant dans la société, *les craintifs et les satisfaits*, puisqu'il faut les appeler par leurs noms, — trouvent que je parle trop exclusivement de mon thème unique, qui est le remplacement de notre système de société (*laquelle a pour base les privilèges et pour directeurs des privilégiés*), — par le règne des pères de famille de la nation, syndiqués et fédérés professionnellement par département.

Ces personnes paraissent ne pas savoir que — l'analyse et la synthèse de ces deux systèmes de société contiennent et comportent chacun des intérêts publics et privés de l'homme; — en un mot, tous les sujets d'études, depuis ceux relatifs aux sciences exactes jusqu'aux problèmes les plus avancés de l'abstraction;

Le thème du règne de l'équité par la famille des intérêts est, *il ne faut pas l'oublier*, le seul que le grand philosophe de la Nature ait traité, depuis sa réponse aux docteurs de la loi juive jusqu'à l'heure de sa mort; — je défie le plus

érudit des théologiens, des logiciens et des phi-
losophes de me trouver une seule parole du
maître traitant un autre sujet.

Je suis donc fort loin d'avoir épuisé le motif
d'études que je me suis imposé; — cela me
procure, du reste, l'honneur de répondre à vos
questions sur le socialisme pratique.

Si l'on veut être convaincu de la vérité contenue dans les trois alinéas ci-dessus, il faut relire
le dernier verset de l'évangile de Jean, l'ami du
Maître en toutes les sciences.

RÉPONSES PARTICULIÈRES

DEUXIÈME PARTIE

1

Exposé.

> Faire tout gagner et conquérir à l'homme par son travail, c'est tripler ses forces, son émulation, son intelligence, enfin sa puissance productive.

J'ai l'avantage de vous présenter les explications suivantes au sujet de chacune de vos trois questions principales :

1° L'instruction ;

2° La diminution graduelle des impôts ;

3° Le développement du travail au moyen de la généralisation du crédit.

Je ne parle plus de votre première question, au sujet de laquelle je viens de vous présenter un remède radical, — étant donné qu'elle comporte la recherche générale des moyens que la société contemporaine possède et qu'offre le progrès des sciences sociales pour atténuer considérablement, sinon guérir complètement, les misères des classes les plus nombreuses.

Ne demandant que l'atténuation, je vous apporte pourtant la guérison de toutes les misères des travailleurs, et cela sans employer la charité matérielle avilissant toujours ceux qui la reçoivent, mais simplement par la mutualité organisée dans la famille industrielle.

2

Instruction publique.

> L'instruction professionnelle représente la plus solide des fortunes pour les enfants du peuple qui la possèdent.

L'instruction publique de notre époque est tellement défectueuse, qu'elle produit périodiquement le mal en fabriquant journellement les mécontents et les déclassés de notre société.

Le système général d'instruction des sociétés

modernes a été mis en pratique par les économistes de 91 ; c'est celui qui fonctionne depuis ce temps, c'est celui qui a fait de la France une des puissances les plus arriérées de l'Europe du Nord comme instruction. EXEMPLE.

La statistique des mariages constate que la moitié des femmes, en France, ne sait ni lire ni écrire, et que le tiers des hommes est dans le même état d'ignorance.

> (*Extinction du Paupérisme,* par Frachebout. — Imprimerie et Librairie Chaix et C^io. 1863.)

Ce système général d'enseignement, impraticable pour le peuple au-dessus de l'enseignement primaire, est le même (à peu près) que celui des marquis de l'ancien régime, avec l'adjonction à doses homéopathiques de l'enseignement scientifique au point de vue biologique et analytique seulement.

Ce genre d'instruction, duquel l'apprentissage, c'est-à-dire le côté professionnel est écarté, a été établi dans le but de faire un peuple de spéculateurs avec celui de producteurs, que les six siècles de corporations avaient formé dans les villes et bourgs de la France.

14

Mais le succès du système de société que nous subissons n'a nullement répondu à l'attente des économistes qui ont détourné la grande Révolution de son but; — puisque son principe universitaire a amené la France dans la triste situation que je viens de constater par son bilan financier établi plus haut.

A.

Puissance de la spécialité.

En instruction publique rien ne doit se généraliser; au contraire, tout doit se spécialiser si l'on veut faire rendre à chaque individu au profit de la Société ce que la nature a déposé en lui de valeur productive.

C'était ce principe naturel d'instruction que pratiquaient les anciennes corporations, c'est pour cela qu'elles étaient appelées Universités professionnelles.

L'école à côté de l'atelier, la théorie côtoyant la pratique, — voilà le secret de la formation de grands citoyens, de savants producteurs, instruits par les enseignements certains qui découlent du travail organisé, lequel apprend aux hommes la bonne pratique de leurs droits mais surtout celle de leurs devoirs.

B.

Le mandarinat.

Le mot mandarin vient de mandat, nous avons pris ce dernier mot dans les langues orientales et nous en avons fait sortir celui de *mandataire;* — mandataire ou mandarin sont deux mots qui ont la même signification; — ceux qui ont eu l'adresse ou le bonheur de recevoir un mandat politique ou administratif sont donc les mandarins de notre société physiocratique.

L'ensemble des mandarins occidentaux uni aux titulaires des professions privilégiées, forme les corporations gouvernantes depuis la constitution de 1791.

La caste gouvernante moderne, qui a tout pris aux anciens corps d'arts et métiers hors l'instruction professionnelle et la mutualité, s'est hâtée de fonder des écoles spéciales pour les professions destinées à collaborer avec elle à la direction des intérêts généraux de la France, dont elle venait d'accaparer le monopole par la destruction du droit de réunion professionnelle.

Depuis cette époque, l'avenir des mandarins surnuméraires réside dans l'instruction générale première qu'ils ont reçue, ainsi que dans la manière dont ces futurs candidats aux emplois publics passent leurs examens.

Une fois reçus maîtres, il ne leur est plus rien demandé du tout, ils sont engagés à l'année, la Société les considère comme des petits phénix, mais la quantité et la qualité du travail qu'ils devraient produire chaque jour comptent pour peu sinon pour rien dans leurs chances d'avancement.

Cette méthode représente le moyen de recrutement des employés ou collaborateurs du mandarinat moderne ou plutôt occidental, que les hauts administrateurs rendent généralement mouchards les uns des autres.

L'organisation professionnelle, au contraire, n'a aucun MANDARIN, elle n'a et ne reconnaît que des DÉLÉGUÉS et des employés.

C.

Une exception.

Il n'y a qu'une grande exception à cette règle

générale, elle nous est présentée par la **magistrature française**; cette exception prend sa cause
naturelle dans ce simple fait.

Les magistrats mettent chaque jour en pratique ce qu'ils ont appris en théorie; — c'est là
le seul et grand secret de tous les fonctionne-
ments sociaux utiles.

En outre, bien que son institution soit in-
complète, la magistrature française remplit
chaque jour la véritable mission des délégués
d'une nation en progrès, car elle n'administre
pas et ne spécule sur rien, elle se borne simplement à juger les actes de l'activité nationale
soumis à son appréciation.

Je conclus donc à l'établissement général de
l'instruction professionnelle par la direction des
pères de famille délégués de leurs pairs, avec
le titre de syndics de la nation, et sous le contrôle de la magistrature française réorganisée.

D.

But de l'instruction professionnelle.

Dans la vie militante chacun est à ses pièces,
c'est-à-dire que, ouvriers et patrons attendent
également leurs salaires et leur avenir de la

valeur, de la quantité et des mérites de leurs produits.

Enfin, dans l'organisation professionnelle, le concours, le contrôle mutuel et l'examen mettent journellement à exécution le beau principe naturel qui s'exprime ainsi :

Dis-moi ce que tu produis et je te dirai ce que tu mérites.

Cette base de l'équité devant la production fabrique tous les jours les richesses collectives et individuelles d'un peuple, qui a le bonheur d'être organisé d'après ce principe fécond.

La famille du travail est, en effet, une école pratique de morale et de moralité pour la vie de tous les jours de chacun des citoyens d'une Nation.

Sous l'influence utilitaire du groupe professionnel, la pratique d'un art ou d'un métier forme la base et le but de toutes les instructions théoriques.

Dans les familles industrielles, les pratiquants d'un métier ou d'une profession ont à leur portée les parties de l'instruction scientifique et artistique relatives à leurs diverses spécialités.

Les parties de ces divers enseignements nécessaires à chacun des métiers seront très naturollement obligatoires, —car, dans une nation où les intérêts communs et généraux sont associés et par conséquent solidaires, chacun des citoyens doit être un intelligent producteur;

C'est-à-dire un arbre à fruits.

Pour le surplus, la gratuité doit être générale, afin que chaque citoyen ou groupe de citoyens puisse obtenir librement toutes les instructions possibles, par la chaire, par le banc, par la lecture, par l'exemple ou le modèle, etc., etc.; mais en tout et partout la pratique basée sur la mise à exécution doit être placée à côté de la théorie.

Ce principe d'instruction découle des lois naturelles, il formait la base de chacun des moyens d'enseignement des anciens corps d'arts et métiers, voilà pourquoi ces Universités professionnelles ont fait des savants spéciaux de presque chacun de leurs ouvriers.

Cela démontre comment une société qui opère ainsi au profit de tous, voit le succès grand et fécond favoriser ses efforts dans chacun des détails de l'activité nationale.

Lorsqu'ils ont organisé en France l'Université actuelle, les économistes du xviii° siècle ont exactement spéculé à l'inverse.

En un mot, ces hommes politiques ont institué un nouveau genre d'instruction et de société qui opère ou croit opérer au profit d'une classe sociale, en laissant le reste des populations à l'aventure sous le prétexte hypocrite d'une fausse liberté générale.

Le plus remarquable résultat de l'anéantissement de l'apprentissage obligatoire est représenté par la race des petits crevés qui envahit nos classes élevées et bourgeoises.

Par son système d'instruction, la société moderne a donc vu ses efforts empoisonnés et les résultats obtenus absolument nuls, lorsqu'ils n'ont pas été absolument mauvais.

E.

Encore un malentendu.

Il existe beaucoup d'excellents citoyens, comprenant fort honnêtement que l'association des intérêts généraux par la famille du travail est la meilleure de toutes les bases économiques; — mais ces honnêtes gens disent fort ingénuement à peu près ceci à ceux qui préconisent ce système de société :

« Vous avez mille fois raison, car ce que vous

» désirez sera véritablement l'âge d'or de la société
» française, mais vous reconnaîtrez avec moi que
» nos populations dévoyées en partie par la poli-
» tique et ses révolutions, ne sont pas assez
» instruites pour mériter cet état social et en
» comprendre toute la logique, etc., etc.

» Il faut donc d'abord instruire et moraliser les
» populations et ensuite nous nous occuperons
» d'organiser les familles du travail. »

Indiquer cette manière de voir erronée, c'est
la faire connaître entièrement, car tout le monde
l'a plus ou moins entendu exprimer autour de
lui.

Un ancien proverbe corporatif dit fort spirituellement que, pour faire un bon civet il faut
d'abord et avant tout un lièvre; — de même,
pour instruire sûrement et avec fruit les citoyens
d'une nation il faut des écoles bien organisées
dans l'esprit professionnel.

Malheureusement, nous n'aurons jamais l'ombre
d'une instruction générale de ce genre, tant que
l'organisation du travail et des intérêts n'aura
pas remplacé le système économique actuel.

Ceux qui croient à la possibilité d'un changement universitaire sous le règne égoïste des
privilèges, se trompent étrangement, car l'igno-

rance doit aller toujours en grandissant sous le régime injuste, parce qu'il a été établi exclusivement au profit de quelques-uns.

Plus la société marche en avant depuis 1791, plus elle est divisée, plus ses forces s'étiolent, plus l'ignorance s'agrandit, plus les caractères s'abaissent par la bataille des intérêts privés, plus la corruption des mœurs grandit, plus l'égoïsme individuel se développe et tend à remplacer chacun des autres sentiments dans le cœur de l'homme et du citoyen.

Enfin, cet esprit public, fleur spirituelle du xviiie siècle, créée et cultivée pendant près de six cents ans dans les familles du travail, tend à disparaître de plus en plus du sein des grands centres de l'activité nationale.

F

Les générations corporatives.

Il est facile de démontrer ce qui vient d'être avancé en comparant simplement deux ensembles de faits généraux auxquels toute la France a pris part.

La République et le premier Empire ayant à leur disposition les générations instruites par le règne social six fois séculaire des corps d'arts

et métiers, ont eu des milliers d'officiers et
administrateurs de premier mérite dont la souche
semble être perdue aujourd'hui.

Des généraux et des orateurs de vingt-cinq et
trente ans sortis des rangs du peuple ont émer-
veillé les assemblées et gagné les batailles; —
tout le monde connaît par cœur l'histoire des
vingt ans de victoires et conquêtes dans le cours
desquels la France a plusieurs fois menacé d'en-
gloutir l'Europe, en semblant vouloir reconstituer à son profit un nouvel empire romain.

G

Les Générations de l'individualisme.

Voyons maintenant ce qui s'est passé en 1870-
71, dans des circonstances analogues, alors que
trois générations successives de citoyens avaient
été dévoyées par la division des intérêts, puis,
par l'éducation fausse autant que restreinte de
nos universités.

Nous avons constaté premièrement l'absence
absolue de contrôle que les économistes du
xviii° siècle ont établi à l'égard de ceux qui les
payaient, cela veut dire des contribuables.

Un pouvoir sans contrôle efficace a donc permis à la corporation dirigeante du règne dernier

d'entreprendre une guerre, après avoir pillé chacun des éléments matériels qui étaient nécessaires pour la soutenir. Les arsenaux étaient vides, les cadres de l'armée incomplets partout ; en plus, nos officiers avaient même oublié, faute de pratique, chacun des genres d'instruction qu'ils avaient reçus dans les écoles.

Le gouvernement des sociétés actuelles est essentiellement spéculateur ; — en conséquence, il dirige, administre et gouverne tout et spécule sur tout.

Puis, le pays arrive par ses représentants seulement, pour sanctionner et voter les lois utiles à la corporation gouvernante ! !

La Nation française ne s'appartient donc plus, car elle a été conquise législativement par un nombre microscopique d'hommes habiles.

C'est absolument le contraire qui devait avoir lieu par la fédération directe des municipalités présentée par Turgot, puis, acceptée par le roi Louis XVI en 1774.

Il résulte donc de l'ensemble de nos institutions que c'est la base de la pyramide sociale qui est en haut et sa pointe en bas ; voilà pourquoi tout chancelle et reste incertain en France depuis l'établissement du monstrueux fonctionnement économique qui a enlevé aux popu-

lations des villes et bourgs de France l'administration de leurs intérêts communs et généraux.

II

Résultats de l'isolement des intérêts.

Pendant les tristes années 1870-71, la France
entière nous a montré les fruits amers du règne
des castes ou partis politiques.

En effet, grâce à l'égoïsme individuel organisé légalement, chacun s'est désintéressé de la
chose publique.

Pour bien saisir la supériorité de l'organisation corporative sur celle des partis politiques,
il faut se rappeler le grand mouvement en avant
de 1792, puis, rejeter les yeux sur les populations mobilisées de la France se repliant en
bon ordre en 1870 comme s'il ne s'agissait de
leurs intérêts que d'une façon très secondaire.

Malheureusement, cela était rigoureusement
vrai, — car le système du gouvernement moderne a réellement désintéressé les populations
françaises de leurs intérêts publics, en leur disant
en quelque sorte par l'ensemble des lois :

Occupez-vous individuellement de vos intérêts
particuliers, sur lesquels je continuerai comme

autrefois à prélever en quelque sorte, non seulement la dîme; mais le double, triple et même quadruple dîme, lorsque cela me sera possible, — le reste ne vous regarde pas,

Car l'État, c'est moi ;

Et la Société française, c'est encore moi.

I

Résumé pratique.

1° L'instruction primaire doit être obligatoire, parce qu'elle représente la suprématie générale de la lumière sur les ténèbres, cela veut dire de l'instruction sur l'ignorance.

2° L'instruction professionnelle doit être obligatoire du haut en bas de l'activité nationale; — c'est-à-dire qu'il faut apprendre d'abord à l'homme les parties d'arts et de sciences dont il a besoin pour la profession de son choix.

3° Comme principe général d'enseignement, il faut mettre le plus possible la théorie à côté de la pratique. c'est-à-dire instituer universellement l'atelier-école et la ferme-école; — puis, établir l'instruction publique dans le même esprit pour les professions libérales; — mais en constituant partout l'enseignement du dessin

et de la comptabilité, comme étant les deux
initiateurs du travail et de la production en
toutes choses.

Chaque adolescent pourra recevoir l'instruction secondaire aux environs, sinon dans les
lieux mêmes où il fera son apprentissage, sa condition serait-elle celle de rentier ou de propriétaire.

Je viens donc vous proposer de patronner
l'instruction familiale de tous les degrés.

1° Par les femmes, pour les deux sexes jusqu'à huit ans.

2° Par l'enseignement professionnel et spécial
ensuite, d'après les idées précédentes et celles
contenues dans le bilan financier de la France.

3° Le tout sous la direction des chambres
syndicales des universités professionnelles des
villes, bourgs et cantons, ainsi que de leurs
fédérations départementales et nationales.

*Les établissements universitaires et scolaires
qui existent n'ont nullement besoin d'être chan-
gés ; il faut, au contraire, les conserver et les
multiplier, mais en transformant complètement
l'esprit individualiste qui les dirige exclusivement.*

3.

Réponse à votre demande de diminution graduelle des impôts.

> L'universalité des im-
> pôts constituant l'épar-
> gne véritable d'un peu-
> ple, — chacun des ci-
> toyens d'un pays doit
> être appelé à admi-
> nistrer syndicalement
> et fédérativement l'em-
> ploi des impôts publics,
> dans la juste proportion
> de ceux qu'il paye di-
> rectement ou indirec-
> tement.

Les impôts représentent l'épargne d'une nation; lorsqu'un peuple est solidement conquis
législativement, comme l'a été le peuple français
de 1791 à 1870, et que son épargne recueillie
par les impôts est dépensée *ad libitum* par
ses diverses corporations gouvernantes, —
alors, mais seulement alors, on doit désirer
avec vous la diminution des diverses parties du
tribut du vaincu.

Mais, lorsque les intérêts généraux d'un pays
sont absolument ruinés ou aliénés comme ceux
de notre nation le sont actuellement, — il

ne s'agit plus de termes moyens on d'atté-
nuations quelconques, il faut dire : Aux grands
maux, les grands remèdes. — Dans cette
situation, tout bon citoyen doit désirer le règne
des collectivités, parce qu'il représente la seule
planche de notre salut.

Quand ce règne sauveur sera arrivé, il n'y
aura plus aucun intérêt pour le peuple français
à voir les impôts actuels diminuer ; — bien
au contraire, puisque l'impôt, devenu *prime
d'assurance*, obligera alors chacun des travailleurs laborieux à être en quelque sorte un homme
riche par la possession de la sûreté de son lendemain, — c'est-à-dire à être garanti à tout
jamais de la misère, de l'ignorance et partant
du besoin pour lui et les siens, à la seule
condition d'être laborieux, c'est-à-dire libre et
de bonnes mœurs par le travail.

En résumé, les réductions d'impôts ne seront
décrétées dans la France de l'avenir que, lorsque
toutes les dettes de l'individualisme seront
payées, les chemins de fer terminés et rachetés,
la mer amenée à Paris, enfin le lendemain de
tous et chacun des pères de famille laborieux
assuré par la mutualité.

*

Il est impossible d'établir plus adroitement les impôts d'un peuple qu'ils ne le sont actuellement.

En effet, les citoyens les plus madrés, rusés et retors sont employés à prix d'or depuis quatre-vingts ans pour la répartition de l'impôt; — si bien que, de 450 millions en 1789, les divers impôts de la France sont arrivés à une somme annuelle d'environ **six milliards** de francs.

Il fallait nécessairement agir ainsi pour arriver à une exploitation aussi fabuleuse de la fortune d'un pays ; — mais ce qui est une exploitation regrettable deviendra un excellent acte de philanthropie sociale, lorsque ces mêmes impôts seront administrés par les contribuables eux-mêmes, organisés dans ce but.

Par ces divers motifs,

J'ai l'honneur de vous proposer comme projet de réforme des contributions et taxes du peuple français, le contenu de la demande formulée à la page 106 de la deuxième édition de mon Bilan financier ci-annexé ; — savoir : que, *la masse de nos impôts reste provisoirement semblable, mais qu'elle soit administrée par les contribuables eux-mêmes syndiqués à cet effet.*

Vauban.

Vous demandez, Monsieur, que les répondants à votre appel s'inspirent des ouvrages économiques de Vauban; — en conséquence, je viens vous présenter le résumé de ce qui a été dit sur le sujet qui nous occupe, par ce remarquable travailleur, qui était doublé d'un homme de bien comme presque tous les travailleurs remarquables.

« Vauban avait la plus profonde connais-
» sance des maux, des besoins et des ressources
» de son pays; quarante années d'études et
» de méditations lui ont appris qu'un dixième
» de la population de son temps mendiait son
» pain et que sur les neuf autres dixièmes cinq
» végétaient dans la plus profonde misère et
» trois vivaient dans une situation embarrassée
» par les dettes et les procès. Il attribue cet
» état de choses aux effroyables exactions des
» gens de finance, des collecteurs d'impôts,
» des traitants, sous-traitants qu'il flétrit du nom
» de *harpies* et dont le nombre serait suffisant
» pour remplir les galères. »

(Dictionnaire encyclopédique.)

Le résumé des constatations de Vauban peut encore s'appliquer exactement à l'esprit de ce qui se passe aujourd'hui ; — seulement, le peuple français paie environ seize fois plus d'impôts de toutes sortes que celui du temps de Vauban, alors que la France était plus grande qu'aujourd'hui.

Les vérités publiées par ce grand homme sont donc six fois plus vraies aujourd'hui que du temps où ce maréchal de France a terminé ses études économiques ; — étant donné, bien entendu, que l'on tient compte que l'argent valait de deux à trois fois plus à la fin du règne de Louis XIV que de nos jours.

Par la différence des institutions, nous sommes beaucoup plus loin de l'époque de Vauban que de celle de l'Empire et du Bas-Empire romain, avec laquelle notre temps a une ressemblance frappante.

L'excellent résumé ci-dessus est donc, en réalité, tout ce qui peut être tiré d'utile des œuvres de Vauban pour l'élucidation des problèmes que vous posez.

INSTRUCTION. *Vauban désirait un impôt unique, afin d'atteindre le sol qui était affranchi de taxes par les droits féodaux; — le tort est de vouloir appliquer cette idée à notre temps, alors que la situation qui en avait motivé l'opportunité n'existe plus.*

4°

Le développement du travail au moyen de la généralisation du crédit à toutes les classes de la société.

Le crédit d'un pays est un fils qui ressemble à sa mère comme deux gouttes d'eau.

Or, la mère du crédit d'une nation est l'organisation du travail et des intérêts de cette même nation.

Si le travail et les intérêts sont bien organisés chez un peuple, le crédit de toutes ses transactions est excellent ; c'est le contraire qui se produit partout où les intérêts producteurs ne sont pas bien organisés.

A

Le Crédit actuel

Grave question que vous posez là, Monsieur, surtout à notre époque où l'argent est complètement absorbateur au lieu d'être producteur.

Le crédit actuel par l'argent, représente, en effet, la ruine à peu près certaine de ceux qui en ont besoin ; — ce n'est sans doute pas cela que vous désirez puisque vous demandez autre chose que ce qui existe.

B

Le Crédit de l'avenir

Le seul moyen offert par la loi naturelle des transactions pour satisfaire à la demande contenue dans cette dernière question, est représenté dans mes réponses par :

1° L'assurance des risques de la vie de tous les jours ainsi que celle de la fortune de chacun des citoyens au moyen de ses impôts ;

2° L'assurance sur la vie de chacun des producteurs non propriétaires qui pourraient avoir besoin de crédit, avec hypothèque syndicale (1) sur leur actif ;

_____

(1) L'hypothèque syndicale est une formalité au moyen de laquelle les syndics d'une profession reconnaissent l'actif d'un de leurs électeurs et en font, sur sa demande et son approbation écrite, la déclaration

3° L'assurance sur la vie des propriétaires qui auraient besoin de crédit, avec hypothèque sur leurs biens.

Cette pensée générale du crédit à bon marché pour tous est développée dans beaucoup de mes ouvrages; elle est ainsi résumée au bas de la page 113 du Bilan Financier de la France :

Des banques annexées aux caisses de prévoyance des corps de métiers, faciliteront alors le développement de l'industrie et du commerce par des escomptes et découverts proportionnels au chiffre d'affaires antérieur des travailleurs, le tout garanti par l'actif, puis par une assurance sur la vie de leurs clients.

(Bilan Financier de la France,
deuxième édition, page 113.)

* * *

Lorsque la pratique aura démontré que, le genre de crédit mutuel ci-dessus résumé représente une excellente spéculation, les caisses de prévoyance des familles du travail céderont ces opérations par quartier à des sociétés mutuelles

---

à l'administration de la caisse publique ou privée à laquelle il demande l'escompte de son papier ou un découvert quelconque en compte courant.

ou individuelles de capitalistes, à des conditions adjugées aux enchères.

Les dépôts de fonds effectués par les gens
riches des professions, alimenteront les découverts assurés sur la vie des petits industriels
et commerçants des mêmes professions, si bien
que l'intérêt de l'argent sera, par ce moyen,
à un bon marché tel, que, d'absorbateur qu'il
est aujourd'hui, l'argent deviendra le premier
agent producteur du pays.

En outre, la pratique de ce système de crédit décuplera l'ordre et le rangement dans les
familles, les ouvriers établis sentiront de suite
que leur crédit existera réellement par l'augmentation et la facile constatation de la valeur de
tout ce qu'ils possèdent, c'est-à-dire de leur
actif.

Alors, mais seulement alors, l'ouvrier sera
devenu généralement le conservateur le plus
énergique de l'état social qui protégera ainsi
ses intérêts.

**

Le crédit à bon marché pour l'agriculture est
expliqué (*par des prêts sur hypothèques*) aux
pages 184 à 192 et autres du bilan de la

France ; puis, par un résumé relatif au perfectionnement général d'un nouveau système d'association municipale entre chacun des genres de cultures. — Voici ce résumé :

« *Des fonds d'État seront prêtés aux fermes-*
» *écoles cantonales pour l'acquisition d'un*
» *grand matériel, afin qu'aucun agriculteur*
» *contribuable ne puisse être privé de l'emploi*
» *des machines agricoles nécessaires à ses cul-*
» *tures.* »

(*Bilan financier de la France*, page 122.)

Cette organisation mutuelle fonctionnera en développant chacun des intérêts, mais sans en mélanger aucun, et pourtant cette mine d'or économique est absolument impratiquée et même inconnue aujourd'hui.

**

Quant au crédit de l'artiste, de l'ouvrier, du façonnier et de l'employé, la mutualité pratiquée dans la famille industrielle accomplira des effets merveilleux.

1° Au moyen de leurs impôts indirects, les caisses de prévoyance de la famille industrielle commenceront par assurer les risques du lendemain de chacun des travailleurs laborieux contre

la maladie, le chômage, ainsi que pour constituer la pension de retraite des vieux jours ;

2° Au moyen des mêmes ressources, l'instruction et l'apprentissage gratuits et obligatoires
seront à la disposition de tous et chacun des
pères de famille du pays pour leurs enfants des
deux sexes;

3° Par le seul paiement de leurs loyers, les
ouvriers pourront devenir propriétaires d'une
maison et d'un jardin aux environs des grandes
villes où ils travaillent ; cette opération a déjà
été faite en grand par d'intelligents industriels,
au Creusot, aux environs de Mulhouse, dans
le département du Nord, aux environs de
Paris, etc.; partout il a été constaté que cet acte
de haute bienfaisance représentait, en outre,
une excellente spéculation financière.

Les familles professionnelles s'empresseront
donc de reprendre, sur une vaste échelle, l'exécution des propriétés ouvrières à la campagne
et autour des villes manufacturières, car, en y
joignant une petite assurance sur la vie des
pères de famille dont les primes seraient très
faciles à payer sur leurs salaires, les caisses syndicales pourraient développer ainsi le crédit des
ouvriers, artistes et employés, en l'étendant au
mobilier et au linge de ménage.

Le crédit mis ainsi à la portée de chacun des travailleurs, façonniers et entrepreneurs, développerait le travail et les transactions sur toute la surface du pays.

En outre et au moyen des sociétés de consommation, les familles d'ouvriers auraient une nourriture plus saine, plus abondante et sur laquelle ils économiseraient largement

1° Les petites primes de leur assurance sur la vie ;

2° Leur petit supplément de loyer au moyen duquel ils deviendraient propriétaires et par conséquent conservateurs au bout d'une dizaine d'années, s'ils ne l'étaient déjà devenus de suite par les multiples bienfaits du règne des collectivités.

Les divers procédés économiques de crédit mutuel dont je vous fais brièvement l'analyse dans ce sous-chapitre, représentent l'organisation du bien-être général par celle des intérêts, — que vous avez appelée d'un nom accepté volontiers par moi, LE SOCIALISME PRATIQUE.

C.

Les bases du mauvais crédit

Un proverbe nous apprend que l'on ne prête qu'aux riches.

Or, si nous voulons sérieusement développer les richesses collectives du peuple, il faut que le capitaliste puisse prêter avec sûreté à tout le monde ; — c'est encore la réforme de notre état social qui va nous faire obtenir facilement ce résultat.

La ruine du crédit du commerce et de l'industrie des classes moyennes et par conséquent celui de leurs ouvriers, prend sa base dans les mauvais payeurs, dont les déprédations sont favorisées par l'esprit de nos lois sous le faux prétexte de liberté individuelle.

Le commerçant ou l'industriel qui n'est pas ou mal payé, fait faillite ; — sa faillite en entraîne d'autres, la masse des faillites des commerçants et industriels représente donc la source la plus importante des chômages de beaucoup d'ouvriers, qui deviennent à leur tour de mauvais payeurs par ce fait.

Tout est solidaire dans une société, aveugle qui ne le voit pas :

1° Les gens du monde qui sont mauvais payeurs représentent une des causes principales des misères populaires;

2° Les jeux de bourse non réglementés sont également une cause importante des faillites commerciales et industrielles.

Les jeux de Bourse sont encore une des principales causes des misères populaires.

Si le peuple était instruit par les moyens rationnels que possède la famille professionnelle, il saurait parfaitement que, — chaque nouvelle société sur les actions et obligations de laquelle on joue à la Bourse et qui arrive à ne plus payer ses intérêts et dividendes, représente dès ce moment un lot de chômages et de misères qui va atteindre sûrement les travailleurs.

D.

L'esprit de nos lois

De par l'esprit des lois de l'individualisme qui protège en quelque sorte les mauvais payeurs, les producteurs des classes moyennes sont obligés de coter leurs produits au-dessus de leur valeur afin de former une espèce d'assurance contre les risques de perte : cela n'atténue rien et fait simplement dire à beaucoup de gens que, *le commerce est le vol organisé.*

Comme exemple, les bons clients des tailleurs paient généralement pour les mauvais ; — cette situation a fait dire à un auteur dramatique par la bouche d'un des acteurs qui jouait dans le drame de *Paris la nuit* à l'Ambigu : « *Comme les tailleurs sont voleurs ! il est vrai que l'on se rattrape un peu en ne les payant pas.*

Les falsifications et le mélange des liquides par beaucoup de marchands de vins de Paris ont pour cause unique les mauvais payeurs ; — le cours du vin étant très connu, ces malheureux marchands ne pouvant augmenter leurs marchandises pour constituer une assurance contre les mauvais payeurs, comme le font tant d'autres industriels, quelques-uns d'entre eux se sont habitués depuis le commencement du siècle à établir une assurance illégale par la falsification ou le mouillage.

Cette ruine de la santé publique vient donc en droite ligne des lois qui protègent, en quelque sorte, les mauvais payeurs.

Des résultats semblables pourraient être constatés partout si l'on passait en revue chacune des branches du travail ; — malheureusement, nos économistes ne veulent absolument pas s'occuper des causes ; — on peut donc dire en parlant des travaux de la plupart d'entre eux — qu'ils n'examinent attentivement les misères publiques qu'après avoir eu le soin de mettre des verres en bois à leurs lunettes.

E.

Les bases du bon crédit.

Pour mieux me faire comprendre, je vais appeler liberté du prochain, les règles de l'honnêteté banale et journalière que je vous propose d'adopter en principe, pour faire partie de votre projet de socialisme pratique.

La liberté du prochain.

Le respect de la liberté du prochain exige qu'aucun citoyen ou groupe de citoyens ne puisse jouir du travail ou des épargnes de son prochain, c'est-à-dire du bien d'autrui.

Par ce motif fondamental et en thèse générale,

1° Commerçant ou non, n'importe quel mauvais payeur doit pouvoir être mis en faillite et son actif devenir la propriété de ses créanciers, puis, ses rentes, appointements ou salaires être grévés d'un tant pour cent ; — le tout à fixer par une commission mixte composée de syndics professionnels du créancier et du débiteur.

Les syndics des faillites seront sous les ordres et responsabilités de la Chambre syndicale des comptables-administrateurs de chaque département.

INSTRUCTION. — *Afin de savoir si l'arrêté officiel que je vous propose ci-dessus est équitable dans son esprit, sa pratique et sa vérité ; — vous n'avez qu'à demander à ce sujet l'opinion d'un créancier sur ce qu'il trouverait juste qu'il fût fait contre ses mauvais débiteurs ; — ce créancier vous répondra naturellement qu'il trouve cet arrêté très équitable : — Or, ce que ce citoyen trouve juste lorsqu'il est créancier, il doit le trouver également juste s'il devenait débiteur.*

2° Le propriétaire ne doit pas avoir de privilège sur les autres créanciers, cela est contraire aux lois naturelles de la solidarité.

INSTRUCTION. — *Un créancier trouvera encore cela fort juste, il est donc de toute équité de lui appliquer ce même principe quand il sera dans le cas du propriétaire auquel il est dû.*

3° L'État lui-même ne doit pas avoir plus de privilège qu'un autre groupe de citoyens ou

qu'un seul citoyen pour ce qui peut lui être dû
à titre d'impôt ; — en plus, les conseils judiciaires
qui protègent la fortune des familles au détriment
de celle des commerçants, constituent une ini-
quité qui doit être également abolie.

En résumé. — *La loi devrait être faite dans
son ensemble pour autoriser au profit de chacun
et de tous, ce que chacun voudrait qu'il soit fait
pour lui.*

Par la logique démonstrative de ces trois
points fondamentaux, je viens vous proposer,
Monsieur, de patronner le projet de décret suivant, parce qu'il aura pour effet de donner
une base large et solide au crédit proportionnel de chacun des citoyens français, quel que
soit le plan occupé par lui sur l'échelle des
professions.

Projet de décret pour l'établissement de la liberté des intérêts du prochain.

Article premier.

§ 1. Sauf conventions contraires, toutes les
affaires sont faites au comptant ; — en conséquence, celui ou ceux qui auront acheté des
marchandises ou commandé des travaux seront

redevables des intérêts de leur valeur, s'ils ne les paient de suite.

§ 2. Il en sera de même pour les remises d'argent.

§ 3. Les intérêts sont dus :

A. Pour l'argent, à partir du lendemain de l'entrée en jouissance et à raison de 3 0/0 par an.

B. Pour les marchandises ou travaux, à partir de trois mois de la livraison et à raison de 4 0/0 l'an.

C. 3° Pour les salaires et honoraires, à partir du délai habituel de leur paiement et à raison de 5 0/0 par an.

§ 4. Les factures de livraisons et les commandes de travaux devront être envoyées et notifiées dans les sept jours par lettres chargées portant sur l'enveloppe le nom et l'adresse de l'envoyeur.

§ 5. Si, dans les sept jours qui suivront la réception de la notification chargée (sauf cas de force majeure) il n'est pas répondu par la même voie, le contenu de la notification chargée est régulièrement accepté et a par conséquent force de marché.

§ 6. Des réclamations et protestations de toute nature peuvent donc être toujours faites utilement dans les sept jours de la réception d'un pli chargé contenant une facture à terme ou un marché ; — dans le cas où les parties ne pourraient pas se mettre d'accord entre elles sur une affaire, leur comparution en conciliation devant une des commissions mixtes des syndics de leur famille professionnelle est de droit, — sur la simple demande d'une des parties.

***

PREMIÈRE INSTRUCTION. — Voici les termes au moyen desquels le grand philosophe de la nature a tracé à l'homme libre et de bonnes mœurs, l'obligation de concilier ses différends avec son prochain :

« Si ton frère a péché contre toi, va et reprends-le entre toi et lui seul ; s'il t'écoute, tu auras gagné ton frère ;

» Mais s'il ne t'écoute pas, prends avec toi une ou deux **personnes**, afin que tout soit confirmé sur la parole de deux ou trois témoins ;

» Que s'il ne daigne pas les écouter, dis-le à l'Eglise (1) ; et s'il n'écoute pas *la justice*, regarde-le comme un païen et un péager. »

(Matthieu, chapitre XVIIIᵉ, versets 15, 16 et 17.)

---

(1) En hébreu, Eglise signifiait Justice ou pouvoir officiel.

C'est l'esprit de ces paroles qu'il s'agit d'organiser légalement dans notre société pour la sauver.

DEUXIÈME INSTRUCTION. — *Les discussions d'intérêts devant les pairs professionnels feront connaître exactement les sentiments conciliateurs ou chicaniers de chacun des citoyens ; — la crainte salutaire de l'opinion publique que cette situation établira à peu près généralement, purifiera dans une large mesure la qualité morale de toutes les transactions du commerce et de l'industrie.*

§ 7. Les formes d'assignation pour les conciliations ou jugements par les pairs professionnels doivent être exactement semblables à celles employées actuellement par les conseils de prud'hommes, sauf le principe de la lettre chargée qui remplace tout autre moyen de remise.

ARTICLE DEUXIÈME.

§ 8. L'estimation de la valeur des marchandises, travaux, matières premières, salaires, honoraires, etc., sera faite par les syndics professionnels spéciaux, sauf prix et conditions convenus à l'avance.

§ 9. En cas de conventions préliminaires, les

syndics spéciaux jugeront, s'il y a lieu, la
valeur du rabais à faire supporter à la mar-
chandise imparfaitement fournie ou fabriquée :
— Les prix devant être faits pour une excellente fabrication, sauf conventions contraires
ou atténuatoires.

§ 10. Les syndics pourront même décider le
droit au refus complet, s'ils jugent les travaux
ou marchandises assez défectueuses pour cela,
relativement aux prix accordés.

Article troisième.

§ 11. Les assignations en expertises ou
arrangements quelconques sont adressées comme
il vient d'être dit par lettres chargées, sur le
conseil du ou de l'un des secrétaires du syndicat
du plaignant, comme cela se pratique pour les
conseils de prud'hommes, et à huit jours francs.

§ 12. L'acquiescement d'un secrétaire est
utile pour éclairer les plaignants sur la nature
de leurs droits et sur la forme à donner à l'assignation par lettre chargée, mais il n'est nullement obligatoire.

§ 13. L'appelé peut répondre par la même
voie dans les sept jours afin d'indiquer sa
réponse générale à l'assignation et faire ses
réserves.

Dans la pratique. Le droit de charge des lettres d'affaires sera fixé à bas prix, car sa multiplicité fera largement remplacer celui du papier timbré qui sera devenu inutile pour toutes les transactions du commerce, des beaux-arts, des sciences et de l'industrie.

Résumé de cette partie de mes réponses.

Observez, Monsieur, je vous prie, que :
Grâce à la famille des intérêts, les trois articles ci-dessus développés par les considérants qui les précèdent, sont destinés :

1° A empêcher les causes de faillite dans une énorme proportion, sinon à les annuler complètement.

2° A établir solidement un crédit proportionnel aux responsabilités, pour chacun des travailleurs et propriétaires de tous les degrés de l'échelle professionnelle de la nation.

3° A développer, par conséquent, les transactions du travail, du commerce et de l'industrie dans des proportions qui paraîtraient fabuleuses si je vous les énumérais en détail, mais elles ne seraient, pourtant, que l'expression de la vérité.

Pour arriver à obtenir ces résultats qui sont

aussi désirables que grands et logiques, — je
me suis simplement attaché à extraire et développer toutes les conséquences pratiques appar-
tenant AU PRINCIPE NATUREL DES RELATIONS SOCIALES,
qui a été à peu près défini en ces termes par
les principaux législateurs de l'antiquité historique.

HOMME-INDIVIDU OU HOMME-PEUPLE. *Fais, et ne
fais pas à ton prochain ce que tu voudrais
ou ne voudrais pas qu'il te fût fait, lorsque
tu seras à sa place dans chacune des situations
de la vie militante de l'homme et du citoyen.*

RÉPONSES PARTICULIÈRES

TROISIÈME PARTIE

CONCLUSION

LA LOI A VOTER

1

Exposé.

A force de passer du bien au mal, c'est-
à-dire du bien-être aux besoins les plus cui-
sants, à force d'essayer toutes les formes gouvernementales les unes après les autres; —
enfin, instruit par l'expérience, l'homme arrivera
à créer l'état social des collectivités qu'il aura
calqué peu à peu sur les lois naturelles de la
famille.

Cet état social perfectionné devant résulter des
longues souffrances et de la longue expérience
des générations humaines, a été magistralement

appelé **Le Fils de l'homme** par le Maître en toutes les sciences morales et matérielles.

Le Fils de l'homme est donc bien le règne des collectivités, mais non point un individu comme les sectes sacerdotales l'ont insinué dans leur intérêt.

C'est pour l'organisation immédiate du Fils de l'homme parmi nous que j'ai l'honneur de vous proposer l'adoption du projet de loi suivant. —

Étant voté légalement, ce projet mettra à exécution d'une façon radicale la substance entière des désirs que vous avez exprimés dans vos quatre questions; — cette loi calmera donc complètement et définitivement les craintes dont vous êtes si justement animé, en un mot, elle préparera la venue définitive et complète du Fils de l'homme dans toute sa gloire.

2

Une des lettres que j'ai reçues.

Avant de vous présenter le projet de l'acte législatif capable d'établir spécifiquement en France le fonctionnement du socialisme pratique, je prends la liberté de venir vous sou-

mettre le contenu d'une des lettres que j'ai reçues
à propos du *Bilan de la France*, dont la deuxième édition sert de réponse générale à vos
demandes.

Cette lettre qui m'a été adressée par un notable commerçant de la ville de Paris, résume
bien, à elle seule le caractère de la pensée générale contenue dans les autres.

Paris, 19 janvier 1880.

A Monsieur J.-P. Mazaroz,

Cher Monsieur,

« J'ai lu avec le plus vif intérêt votre dernier
» ouvrage, Le Bilan Financier de la France.

» Il y a une grande bravoure à penser
» comme vous pensez et surtout à oser l'é-
» crire ; les réformateurs ont été plus souvent
» récompensés par le martyre que par le
» triomphe, et si l'un d'eux a pu jouir de son
» entrée triomphale à Jérusalem elle fut bientôt
» suivie de la rude montée au Golgotha.

» Comme eux, vous voulez le bien du plus
» grand nombre, mais comme eux aussi, vous
» êtes amené logiquement à vous attaquer aux
» privilèges.

» La reconnaissance des premiers n'a que bien

» rarement protégé leurs bienfaiteurs de la
» fureur des seconds.

> » Bien à vous,
>
> » X..... »

Cette lettre qui indique un haut sentiment
social chez celui qui l'a écrite, dévoile aussi une
vérité désespérante à l'adresse des hommes à
demi-courage.

Voici cette vérité :

Malgré que les doctrines de notre Christ
soient prônées DANS LEUR LETTRE par les sectes de
toutes les spécialités d'économie morale, politique ou religieuse ; — malgré que l'image du
sublime travailleur soit vénérée et exposée dans
les tribunaux, les églises et chez beaucoup de
particuliers ; — il est bien évident que le
système de société qui a peu à peu été établi
depuis dix-huit siècles au nom des doctrines
sociales de Jésus le charpentier, est arrivé à
être complètement semblable à celui que le
grand philosophe de la nature est venu condamner à Jérusalem et dont il a prédit le
terrible châtiment à ses concitoyens, châtiment
qui a été accompli sur le peuple juif dans le
cours de deux guerres mémorables, par les
ordres des empereurs Titus et Adrien.

La vérité désespérante que je viens de formuler est tellement imprimée dans l'esprit de mon correspondant, qu'il a l'air de me prédire des persécutions semblables à celles qui ont tué le grand Réformateur de Bethléem : — mon correspondant paraît sans doute ému de cette crainte, parce qu'il a vu mon idée bien arrêtée d'appliquer aux besoins de notre temps et de nos mœurs, la pensée socialiste du Maître, en la dégageant de toutes les corruptions dont les sectes scientifiques se plaisent à l'envelopper depuis dix-huit siècles, dans l'intérêt de leur domination temporelle.

En effet, le grand Philosophe de la nature n'a jamais prononcé UNE SEULE PAROLE qui n'ait exclusivement un sens utilitaire légal, c'est-à-dire scientifiquement social.

Comme vous le voyez, Monsieur, cette lettre pleine de sens conclut à notre crucifiement à tous les deux, puisque vous semblez vouloir l'établissement officiel du socialisme pratique, — comme le grand Réformateur et comme votre serviteur.

Ainsi, il faut nous le tenir pour dit :

Nous allons être persécutés, moralement sinon matériellement; — à moins que ceux qui pourraient avoir le pouvoir de le faire, comprennent (*ce que j'espère*) que le nouvel état social proposé par moi est infiniment préférable pour eux (*même au point de vue matériel*) que les privilèges d'intérêts factices dont ils jouissent momentanément, lesquels peuvent changer ou tre perdus du jour au lendemain pour leurs titulaires par une grande guerre suivie de révolutions.

3°

L'établissement du Fils de l'homme

Le projet de loi présenté ci-dessous à votre approbation sera adopté par un nombre considérable de privilégiés de nos sociétés actuelles, lorsqu'ils seront bien convaincus par le patronage des hommes de bien, haut placés comme vous, que le nouvel état social développera leurs richesses matérielles au lieu de les amoindrir.

Projet de loi pour l'établissement du droit de réunion professionnelle.

Article premier. — Les lois édictées les 14-17 juin 1791 contre le droit de réunion professionnelle sont et demeurent purement et simplement abolies.

Art. 2. — Le droit de réunion professionnelle est rétabli dans les conditions suivantes.

ART. 3. — La liberté collective de réunion professionnelle représente un droit naturel et par conséquent imprescriptible et sacré, qu'il est interdit de limiter, de diviser (1) et de circonscrire.

ART. 4. — De même que chacun des droits naturels de l'homme libre et de bonnes mœurs, celui de réunion professionnelle est unitaire, c'est-à-dire qu'il doit s'étendre par le moyen syndical à tous et chacun des adhérents et pratiquants de la même profession dans un département, sans aucune restriction possible.

ART. 5. — Le principe fédératif représente le lien national qui solidarise en les réunissant par des délégués, chacun des corps professionnels de la nation.

ART. 6. — Les réunions des délégués professionnels des départements, qui prennent le nom de *gouvernements départementaux*, sont elles-mêmes fédérées dans la capitale de la France par un syndicat national composé de deux délégués de chacun des départements.

ART. 7. — Celui ou ceux qui tenteraient de rompre ou atténuer les moyens d'action d'une ou de plu-

---

(1) La loi sur le droit de réunion qui vient d'être discutée en première lecture à la Chambre des députés, représente le droit de réunion politique c'est-à-dire le droit révolutionnaire de réunion; — la loi dont je parle diviserait donc encore davantage les populations par la discussion des intérêts factices, c'est-à-dire politiques, qu'elles ne le sont déjà; — tandis que le droit de réunion professionnelle établi par le présent projet de loi est un droit INDIVISIBLE, fonctionnant unitairement dans la profession par le moyen syndical et fédératif.

Le droit unitaire de réunion professionnelle est donc le plus important palladium d'ordre et de paix sociale qui existe.

sieurs des réunions professionnelles, syndicales ou fédératives de la nation, et cela par n'importe quel agissement, pourra ou pourront être mis hors la loi de nature par simple décision syndicale d'une seule famille industrielle, prise à la majorité de plus de la moitié de ses syndics.

Résumé des trois parties de mes réponses particulières à votre projet de socialisme pratique.

Monsieur,

J'espère que vous considérerez mes réponses particulières ci-dessus, comme étant absolument complètes et développant suffisamment chacune des faces de votre questionnaire sur le socialisme pratique.

Je pense également vous avoir démontré que, l'anéantissement pur et simple du droit de réunion professionnelle par la loi des 14-17 juin 1791 a été un procès de tendance, jugé par les malheureux qui croyaient faussement avoir intérêt à sa destruction — mais qui n'a pu être plaidé par les intéressés à sa conservation.

Au moyen de l'anéantissement du droit de réunion professionnelle, les économistes de 94 ont enchaîné, garrotté et muselé le lion collectif que l'on appelle le peuple des producteurs français ; — mais patience, Monsieur, — le lion populaire est en train de passer ses membres amaigris par l'exploitation nationale, au travers des anneaux trop grands de ses chaînes. — Aussitôt cette opération terminée, le roi du règne le plus perfectionné de la nature fera place nette autour de lui par un seul revers de ses mouvements redevenus libres.

Vous avez donc bien choisi votre moment pour provoquer le libellé des conditions de l'affranchissement qui se prépare.

Par ces divers motifs.

J'ai le ferme espoir que vous allez employer les immenses moyens d'action que vous possédez à patronner le règne des collectivités dont l'aurore blanchit déjà l'horizon; — enfin, que vous établirez une remarquable exception à l'axiome suivant du maître.

MES AMIS, QU'IL EST DIFFICILE QUE CEUX QUI ONT DES RICHESSES ENTRENT DANS LE *règne de la Justice.*

(Marc. Chapitre x, versets 23 et 24.)

Animé de ces divers sentiments, je vous prie de vouloir bien agréer, Monsieur, mes salutations les plus distinguées.

J.-P. MAZAROZ,
Notable commerçant de la Ville de Paris.

17

POST-SCRIPTUM.

On dit généralement que le post-scriptum d'une lettre contient la véritable pensée de son auteur.

Il n'en est pas ainsi, Monsieur, pour cette fin de mes réponses à vos questions, car ma pensée est entièrement contenue dans les parties précédentes de cet ouvrage.

Voici simplement le but de cette conclusion dernière :

Ayant répondu entièrement et largement à *l'esprit* des quatre questions que vous posez pour arriver à l'établissement du socialisme pratique, je crois devoir répondre également à leur *lettre*, afin que personne ne puisse se méprendre ni faire confusion entre l'intelligence et le texte apparent de votre questionnaire.

A cet effet, j'ai mis une marque différente devant tous vos paragraphes. — Chacune de ces marques est semblable à celle qui se trouve en tête des réponses que je pense devoir faire à la lettre de vos préoccupations.

Première question de M. Isaac Pereire pour arriver à établir le socialisme pratique.

A. — Rechercher les meilleurs moyens d'arriver à l'extinction du paupérisme, la charité, malgré les efforts les plus généreux, étant impuissante à le faire disparaître.

Étudier notamment dans ce but :

1º Le développement et la généralisation de l'instruction publique à tous les degrés;

2º Le développement du travail au moyen de l'organisation du crédit étendu à toutes les classes de la société ;

3º L'organisation de la prévoyance pour la vieillesse et l'institution générale des caisses de retraite au profit de tous les travailleurs, au moyen d'une contribution imposée aux chefs des diverses entreprises et à tous les patrons; cette contribution, qui constitue une réserve pour l'avenir, étant le complément nécessaire du salaire des travailleurs et devant former la base de combinaisons analogues à celles qui sont appliquées aux assurances et à la création des rentes viagères.

B. — On devra apprécier, à ce sujet, les institutions de cette nature créées par les compagnies de chemins de fer.

C. — On indiquera les transformations qu'auraient à subir les institutions actuelles d'assistance publique ou privée et les créations que nécessiterait le nouvel ordre de choses.

Réponses aux paragraphes de la première question.

A — J'ai dit et je répète que la charité matérielle avilit et corrompt ceux qui la reçoivent; en plus, elle rend orgueilleux et despote beaucoup de ceux qui la font ostensiblement.

Une des plus grandes perfidies des économistes de 91 a consisté à transformer la mutualité qui était organisée professionnellement dans les corps d'arts et métiers, en charité matérielle, appelée par eux l'assistance publique.

La charité matérielle qui a fait des peuplades de mendiants et de brigands avec une certaine partie des basses classes de l'Italie et de l'Espagne, a été l'un des principaux éléments de la consolidation et du développement de la servitude du peuple français par l'impôt.

Le seul et unique moyen de détruire le paupérisme est l'organisation du travail et des intérêts dans la famille industrielle, mais non la dégradante charité.

Axiome. — *Faire tout gagner à l'homme par le travail organisé, c'est tripler ses forces et son émulation en même temps que la fortune publique.*

1° L'instruction publique actuelle est un moyen de pollution morale, employé par les économistes de 91 pour annuler les forces collectives du peuple français; — le développement de ce genre d'instruction représenterait donc celui du cancer social qui dévore notre pays.

Il faut que l'instruction publique, obligatoire dans toute sa partie élémentaire, soit accompagnée de l'apprentissage obligatoire d'un art ou d'un métier; — ce métier émancipera matériellement et même moralement chacun des hommes du peuple par le travail; — en plus, l'apprentissage d'un métier intéressera chacun des hommes riches à l'une des branches de la fortune nationale.

———

2° J'ai largement répondu à cette question pages 166 à 179 inclus; — je pense donc avoir radicalement démontré que : — le crédit du peuple français ne peut exister ni s'organiser si peu que ce soit autrement que par le Mont-de-Piété, tant que son épargne générale qui est l'impôt lui sera confisquée législativement.

3° L'idée d'imposer les patrons au profit des caisses de retraites de leurs ouvriers est déjà

venue à beaucoup de bons citoyens bien
connus : — cette idée est simplement une face
déguisée de la charité matérielle ;

A ce sujet, il faut se rappeler l'acte d'un propriétaire qui, prétendant qu'à Paris une pièce
de cent sous ne vaut plus que 3 francs par les
pourboires, quêtes et charités de toutes sortes,
emprunts des amis, anses de panier des domes-
tiques, etc., se hâta d'augmenter de deux cinquièmes les loyers de chacun des locataires de
ses maisons. — Par la force même des choses
et avec beaucoup plus de raison, les patrons
feraient comme le propriétaire que je cite, ils se
hâteraient d'appliquer le montant de cette
imposition en augmentation sur le prix de
revient de leurs marchandises.

L'imposition des patrons est donc encore d'un
degré plus mauvaise que la charité matérielle.

B. Les institutions de prévoyance des chemins
de fer représentent la mutualité en enfance,
c'est-à-dire celle qui ne marche qu'au moyen de
lisières tenues par les représentants de ces corps
privilégiés : — Néanmoins, comme tout ce qui
touche au principe mutuel est d'or, les caisses
de prévoyance des chemins de fer ont rendu

et rendent tous les jours de grands services, sans compter celui de mieux discipliner les employés des Compagnies et d'assurer un meilleur service sans augmentation de dépense.

En plus, on a remarqué qu'aucun employé de chemin de fer n'a fait partie de l'armée de la Commune, il faut évidemment attribuer ce fait consolant aux caisses de prévoyance des compagnies, parce que ces caisses rendent forcément les employés conservateurs en ce qu'elles leur donnent quelque chose à conserver.

———————

C. La seule transformation à faire subir à l'Assistance publique qui est légalement organisée en France, c'est sa suppression radicale et la translation de son service entier dans des syndicats départementaux composés de riches pères de famille, délégués par les syndics de toutes les chambres syndicales, patronales ou ouvrières de l'industrie, du commerce, du travail et de la propriété.

Chacun connaît le système de gestion de l'Assistance publique, qui paraît être le même que celui de certains chefs de service des ministères du règne dernier, dont l'un vient de rendre ses comptes en Cour d'assises et un autre vient de se suicider pour ne pas avoir à les rendre.

L'ancien directeur de l'agriculture est même venu déclarer à la barre de la cour d'assises à peu près ceci : à savoir, qu'il avait toujours vu se passer au ministère des faits semblables à ceux qui amenaient son ancien collègue sur le banc des accusés.

On peut étendre sans crainte cette déclaration à presque chacun des services publics de l'empire tombé.

Les frais généraux des sommes données à répartir à l'Assistance publique (par exemple) ont toujours dévoré la plus notable partie des secours publics (1); enfin, par ces motifs ou par ceux des traitements exagérés, il est de notoriété publique que les fonctions d'administrateurs généraux ou particuliers de l'Assistance publique, sont celles de tout Paris dans lesquelles leurs titulaires faisaient autrefois la plus grosse et la plus rapide fortune.

En est-il encore ainsi aujourd'hui ? — je ne

_____

(1) J'ai entendu soutenir sérieusement que, les frais généraux de toutes sortes montaient à 83 0/0 dans tous les services de l'Assistance publique, hors celui des hôpitaux : — ceci est tellement fort que je ne le mets qu'en note pour provoquer des recherches et vérifications.

veux pas le savoir d'avance, c'est pourquoi je demande une sérieuse enquête faite par les délégués des contribuables eux-mêmes.

Mais ce que je sais bien, — c'est qu'il en sera à peu près ainsi en tout, tant que les affaires et intérêts du peuple français seront administrés et gérés par d'autres que par lui-même ; — un excellent proverbe corporatif nous apprend, en effet, à ce sujet, que — *celui qui mesure l'huile se graisse toujours plus ou moins les mains.*

Deuxième question.

D. — Rechercher le meilleur système d'instruction publique à tous les degrés, comprenant l'instruction primaire, l'instruction secondaire et professionnelle, et l'instruction supérieure. Ce système devra préparer tous les citoyens aux fonctions qu'ils ont à remplir dans la société, développer tous les talents et toutes les aptitudes, dans la triple direction des beaux-arts, des sciences et de l'industrie, assurer le meilleur classement des individus suivant leurs capacités, la division rationnelle des fonctions et leur direction dans un but commun.

E. — L'instruction à tous ses degrés constituant une dette de la société envers tous ses membres, le principe de la gratuité, dégagée de toute contrainte, devra être appliqué sans restriction à l'instruction primaire, à l'instruction secondaire et professionnelle, et à l'instruction supérieure.

F. — Mise à la portée de tous les citoyens, l'instruction s'imposera d'elle-même et deviendra obligatoire pour tous, par le seul fait de sa nécessité dans toutes les conditions de la vie sociale.

G. — On pourra utilement consulter le rapport de M. de Talleyrand sur l'instruction publique, présenté à l'Assemblée nationale les 10, 11 et 19 septembre 1791 ; on devra également étudier les systèmes en vigueur aux États-Unis, constater le développement qu'y a reçu l'instruction publique, les sommes considérables consacrées à ce service et le rôle important qu'y jouent les femmes, en raison de leur aptitude spéciale pour l'éducation.

Réponses aux paragraphes de votre deuxième question.

D. — Le meilleur système d'instruction est celui professionnel, car il prépare naturellement chacun des citoyens à être un savant de premier ordre dans la profession de son choix, et cela dans la juste et exacte proportion des dons qu'il a reçus de la nature.

Ce genre d'instruction prépare chaque sujet à s'adonner aux genres de savoir qu'il désire approfondir, car tous les genres d'écoles sont gratuitement à sa portée le jour ou le soir ; —

l'instruction professionnelle n'a pas de limite
sous le régime patriarcal ; bien au contraire,
elle représente le nœud d'un éventail qui
rayonne en tous sens.

Le classement social que vous demandez se
fera donc naturellement, au moyen de l'instruction professionnelle gratuite et obligatoire.

E. — Cette réponse est déjà faite ; — mais je
désire vous faire observer ici que l'instruction professionnelle représente le principe général de
la nature ; — de par ce principe, tout se produit industriellement et spécialement par chacun des individus des trois règnes ; — je vous
prie donc de replacer l'instruction professionnelle dans votre questionnaire comme étant le
grand titre universitaire, mais non point comme
une instruction de détail.

En plus et comme critique,

Lorsque l'instruction et l'apprentissage ne sont
pas obligatoires et gratuits pour les enfants du
peuple, l'impôt obligatoire représente un déni
de justice qu'il est impossible de condamner
trop sévèrement.

F. — Ce paragraphe représente une des grosses erreurs formulées par les économistes de 91 ; il devrait donc disparaître de votre questionnaire.

———————

G. — J'ai dit et je maintiens que le rapport sur l'instruction publique présenté à l'Assemblée constituante en septembre 1791, par M. de Talleyrand, représente le monument d'hypocrisie et de perfidie sociale le plus important des temps modernes ; — mon opinion est partagée par chacun des collectivistes, elle le sera également par les gens intelligents qui voudront bien prendre la peine de lire attentivement ce document, puis, d'en calculer la portée par l'esprit trompeur de ses formules et propositions.

Je passe sur les déclamations théâtrales contenues dans ce travail de Talleyrand ; — ces déclamations insidieuses promettaient, pour l'observateur, l'innombrable quantité des subtilités de langage que cet homme d'État a employées dans le cours de sa longue carrière diplomatique.

J'arrive au côté pratique de ce rapport, célèbre comme renommée, mais absolument inconnu dans ses détails.

Lorsque, dans la séance de l'Assemblée Nationale du dimanche 25 septembre 1791, Talleyrand vint soumettre à l'Assemblée le projet de décret dans lequel il avait renfermé les bases principales de l'éducation publique *(sic)*; le constituant Buzot se leva et parla ainsi contre le projet de décret de Talleyrand.

M. Buzot. — « Ce plan *(Projet de Talleyrand sur l'instruction publique)* me paraît extrêmement dispendieux; et quand on considère qu'en Angleterre il y a très peu de collèges et que c'est parce qu'il y a très peu de collèges qu'il y a véritablement beaucoup de grands hommes, on est étonné de la multitude des établissements que l'on nous propose, le mieux est de ne rien faire, etc., etc.»

Cette opinion de Buzot était partagée par l'Assemblée Nationale de 1791, puisque la majorité a décidé ensuite l'ajournement du projet de Talleyrand à la prochaine législation.

Vous allez voir que la réponse du futur prince de Bénévent est encore bien plus instructive que l'appel aux ténèbres de l'ignorance formulée par le girondin Buzot, appel que les constituants de 91 vont acclamer après la réponse de Talleyrand.

M. Talleyrand. — « M. Buzot a voulu vous

effrayer sur les frais du plan d'éducation publique que nous vous proposons. Je vais vous montrer que notre Institut National coûtera, au contraire, beaucoup moins qu'autrefois. — A Paris, les écoles primaires coûtaient 120,000 à 130,000 livres ; dans cette même ville, le nouvel établissement des écoles primaires que nous proposons ne coûtera que 60,000 livres, etc.»

Talleyrand continue et démontre que des économies proportionnelles seront faites sur toutes les facultés de l'Université qu'il propose d'établir.

(Voir l'ancien *Moniteur*, séance du 25 septembre 1791, tome IX, pages 777 et 778.)

RÉFLEXION. Il faut bien se souvenir qu'en septembre 1791, la population de Paris venait d'être privée des écoles gratuites qui fonctionnaient depuis des siècles dans les cent corps d'arts et métiers; il s'en suit donc que, Talleyrand venant proposer une instruction universitaire moitié moins importante que celle de l'ancien régime, proposait, par le fait, un système d'éducation publique beaucoup plus arriéré que celui des plus mauvaises époques guerrières du moyen âge.

Et pourtant, les économistes de la première constituante ont encore trouvé le projet de décret sur l'instruction publique de Talleyrand trop libéral, puisqu'ils en ont voté l'ajournement à la prochaine législation, ajournement qui s'est prolongé en réalité jusqu'après la Révolution de 1830.

A la suite de ces explications, je pense, Monsieur, que vous reconnaîtrez avec moi la valeur négative du rapport sur l'instruction publique présenté par M. Talleyrand à l'Assemblée constituante, en septembre 1791.

*
* *

Le système d'instruction en vigueur aux États-Unis ne peut pas avoir sa raison d'être chez ancien peuple comme le nôtre ; je le juge, avec beaucoup' d'autres collectivistes, comme étant absolument imparfait, même au point de vue du peuple mélangé des États-Unis.

Le rôle important qu'y jouent les femmes doit être approuvé, malgré qu'il soit, à tous les points de vue, bien au-dessous de l'utilité qu'il doit avoir un jour en France.

Troisième question.

H. — Étudier l'organisation du crédit la plus propre à développer le travail sous toutes ses formes et à commanditer les travailleurs de toutes classes.

Y. — On étudiera, à ce point de vue, la constitution des banques établies sur le principe de la mutualité qui a produit en Allemagne de si grands résultats, et qui doit procurer aux travailleurs le crédit au meilleur marché possible, en les faisant profiter directement de tous les avantages de la circulation fiduciaire.

J. — On étudiera aussi les moyens d'assurer la réduction successive du taux de l'intérêt et la transformation des rentes perpétuelles en rentes viagères.

Réponses aux paragraphes de la troisième question.

II. — J'ai largement répondu à cette question, pages 113, 114, 122, 123, puis 166 à 179 inclus.

Réponse Y

LE SAINT-SIMONISME.

1°

Exposé.

Y. Les banques populaires d'Allemagne représentent le dernier mot du saint-simonisme pratique, c'est-à-dire la manifestation financière qui se rapproche le plus de la pensée sociale de Saint-Simon, lequel se plaçait comme le protecteur des intérêts du plus grand nombre.

— Les banques d'Allemagne, dont les fondateurs ont eu intelligemment recours à la mutualité ainsi qu'à la coopération, se sont simplement servis d'un des moyens de crédit à bon marché de la famille industrielle, dans laquelle les prêts d'argent de tous servent à alimenter le crédit des artisans, artistes et ouvriers, tel que j'ai l'honneur de vous l'indiquer plus haut et plus loin. — Mais les banques d'Allemagne sont obligées de restreindre beaucoup les bienfaits de ce genre de crédit, parce qu'elles ne possèdent pas les garanties de l'actif des titulaires, ni celles de leur assurance sur la vie dont nos familles professionnelles de l'avenir seront dotées : — le tout sera consolidé par la garantie mutuelle du lendemain des travailleurs que l'excédant de leurs impôts leur assurera. (Voir pages 148 à 151, et autres.)

Le saint-simonisme étant exclusivement individualiste, je ne puis accepter que sous toutes réserves et à l'état de motif à critique chacune de ses manifestations financières et même la plus perfectionnée de toutes, qui est représentée par les banques populaires.

2°

Saint-Simon.

De même que la plupart des hommes instruits du xviii° siècle, Saint-Simon était avant tout un homme honnête, doublé d'un fort bon cœur ; — en plus, la nature impressionnable du comte Claude-Henri de Saint-Simon le portait à la poésie ; — il a donc et très naturellement, mais surtout fort honnêtement poétisé le côté matérialiste de l'économie sociale.

La poésie est l'ivresse du vrai en toute chose ; — en un mot, l'art de Sapho n'est, en réalité, que la passion de vouloir quand même voir tout en beau.

La poésie est donc l'opposé du réalisme.

La poésie attache les rêveurs parce qu'elle est ivresse ; mais son côté vrai rallie souvent d'honnêtes esprits, qui prennent les à peu près et les descriptions nuageuses pour la splendeur des choses créées par la Nature.

Tel était Saint-Simon, dont la profonde honnêteté fit prendre néanmoins pour programme les sublimes principes suivants :

Réorganiser la société en prenant le travail

pour base de toute hiérarchie : proscrire l'oisi-
veté et n'admettre que des producteurs dans la
société nouvelle.

Ce programme, qui est exactement celui des
collectivistes, est très facile à réaliser au profit
de tous et par tous; malheureusement, Saint-
Simon égaré par sa poésie de l'individu, voulait faire exécuter librement son programme
social, c'est-à-dire sans organisation générale;
en un mot, en l'absence de la seconde famille
qui est, s'il m'est permis de m'exprimer ainsi,
le deuxième rail du train populaire; ce vœu
de Saint-Simon qui est aussi celui des saint-
simoniens est impossible à réaliser sans introduire le désordre dans les relations d'une société.

Vrai en théorie et faux dans la pratique, le
système de Saint-Simon fut logiquement et
définitivement jeté dans la poésie de la matière.

Les spéculations financières sur les biens nationaux effectuées par Saint-Simon entre les années
1791 et 1798, servirent de donnée à ses adeptes
pour appliquer aux diverses opérations financières qu'ils ont établies depuis, les principes
individuels de travail qui forment le fond pratique des doctrines saint-simoniennes.

Ces quelques mots sur Saint-Simon et le
saint-simonisme, devaient indispensablement être

placés en tête de la critique résumée du système financier moderne qui va suivre. — Avant
de tracer ce résumé, je désire encore qu'il soit
bien compris que je laisse complètement de
côté comme n'ayant jamais eu aucune importance, les théories sociales de la femme libre
ainsi que les autres poésies du matérialisme,
dont les soi-disant continuateurs de Saint-
Simon ont formé une espèce de religion pour
le culte du corps, des passions et intérêts exclusivement matériels.

3°

Le système financier du saint-simonisme.

Si je n'ai pas encore assez séparé l'honnête comte Claude-Henri Saint-Simon du saint-
simonisme, qui a été établi sur la lettre de
ses doctrines mais non point sur leur esprit,
— je viens le faire à nouveau d'une façon
exclusive, afin que personne ne puisse prendre
le change.

Comme beaucoup d'hommes supérieurs de
son temps et surtout d'aujourd'hui, Saint-Simon
avait une double nature morale; — les hommes
supérieurs dont je parle en ce moment sont et

ont été collectivistes de cœur, tout en s'imaginant faussement que les merveilleuses solutions du gouvernement patriarcal peuvent s'établir sans la famille professionnelle; — cela veut dire que ces hommes supérieurs voulaient tout faire ressortir de la liberté individuelle, fonctionnant au sein des populations exploitées par l'impôt et maintenues législativement en servitude.

Penser qu'il est possible d'établir les principes collectifs sans l'organisation de la deuxième famille, est une excentricité qui persiste à se maintenir dans le cerveau de beaucoup d'hommes supérieurs d'aujourd'hui, telle qu'elle existait dans celui de Saint-Simon.

Se basant sur la foi en l'infaillibilité de l'individu gouverné, protégé et dirigé par les lois écrites, que Saint-Simon avait poétisées, — le saint-simonisme empoisonna la pratique des doctrines de leur maître, par les mêmes moyens qui ont jésuitiquement faussé toutes les religions sociales depuis les premiers âges du monde historique.

4°

Le Jésuitisme de tous les temps.

1° Les premiers docteurs de la loi de Nature

des époques patriarcales de l'Inde, trahissant les populations védiques qui avaient mis leur confiance en eux, ont créé une secte supérieure de prêtres appelés Brahmes pundits, avec un grand-prêtre à leur tête appelé Brahmatmat. Cette organisation sociale théocratique et matérialiste a étouffé la pratique générale des doctrines védiques, qui avaient pourtant fait un paradis terrestre des provinces indiennes de cette époque reculée.

Le saint-simonisme a également étouffé l'esprit des doctrines de Saint-Simon.

2° Les docteurs de la loi de Nature rétablis à nouveau par Abraham ou A. brahma et Moïse, son successeur spirituel, pour éclairer les relations sociales du peuple hébreu, *(qui n'était autre que la descendance d'une antique émigration indienne fuyant le joug brahmanique)* ont fini par suivre l'exemple de ceux de la fin des temps védiques ; — en effet et sous le titre historique de *Schisme de Juda,* les docteurs de la loi du peuple juif ont fondé une secte sacerdotale *(le pharisaïsme)* et nommé des princes des prêtres ; — ils ont ainsi suspendu peu à peu le fonctionnement collectif de la maison d'Israël à leur profit.

La corruption judaïque représente encore une

image frappante de ce qu'a fait le Saint-Simonisme avec les belles doctrines de Saint-Simon.,

3° La plupart des autres peuples anciens ont
suivi ces principes corrupteurs, ou plutôt, ont
laissé suspendre pareillement la pratique des
libertés collectives de leurs premiers âges ; —
de là, les pontifes persans, grecs, assyriens,
chaldéens, romains, chrétiens, etc., ainsi que
les grands prêtres et sacrificateurs, des petites
peuplades.

INSTRUCTION. *Lorsqu'une nouvelle organisation
sociale se produit à la suite de chacun des
grands cataclysmes de l'histoire des peuples, elle
voit constamment le jésuitisme corrupteur, se
glisser dans son sein par la même loi naturelle
qui fait introduire le ver dans un fruit.*

Il faut donc que les sociétés se défendent du
jésuitisme par une bonne organisation des intérêts, au moyen du même instinct protecteur qui
anime les cultivateurs, lorsqu'ils défendent leurs
fruits des vers par de bons engrais minéraux et
végétaux mélangés, lesquels reconstituent les
forces végétales de leurs terres.

Certains soi-disant Pères de l'Église, puis,
les papes Innocent III, Boniface VIII et autres,
enfin le boiteux Ignace de Loyola, ont concouru

plus ou moins à mettre en pratique le jésuitisme
de la pensée sociale du Christ.

Le grand Réformateur a prévu les agissements
de ces jésuites avant, pendant et après la lettre,
lorsqu'il a dit :

*Car de faux prophètes s'élèveront et feront
des signes et des prodiges.*

(Marc. Chap. xiii, verset 22.)

Un nouveau jésuitisme.

Il se prépare encore un nouveau et bien dangereux jésuitisme que je viens signaler à mes
contemporains.

Il est représenté par le système économique de
M. Le Play et ses sectaires. — Système qui a
comme base le droit de tester pour le chef de
famille, puis, une espèce de retour à certaines
traditions du moyen âge.

Si, malheureusement, le système social Le
Play (*trompant et dévoyant les aspirations
d'indépendance des populations de notre époque*)
venait à prévaloir, c'est-à-dire à être mis à exécution, le règne de la justice véritable pourrait
encore être retardé par les éternels éléments
de la servitude qui s'attacheraient à nouveau à

la destinée des populations ; — cela vaut certainement la peine que l'on y pense.

Le système de M. Le Play est purement
et simplement une nouvelle conspiration contre
le bien-être et l'indépendance des peuples, exactement comme le brahmanisme, le judaïsme,
le jésuitisme, l'encyclopédisme du xviii° siècle
et enfin le saint-simonisme.

En un mot, M. Le Play prend la respectable
autorité du père de famille qui est l'anneau
d'or du règne collectif, mais il l'individualise
et l'isole dans l'égoïsme du foyer, au lieu de
la grouper dans la pensée humanitaire.

L'individualisme est donc bien le moyen
général de servitude employé par les jésuitismes
de tous les temps et de toutes les couleurs.

— Je suis à votre disposition, Monsieur,
pour répondre à toutes les questions qui pourraient m'être posées **par écrit** sur les doctrines
individualistes de l'école de M. Le Play ; — ce
concours doit vous paraître utile, sinon indispensable à l'œuvre de vérité que vous avez entreprise à la face du soleil.

Les saint-simoniens ont suivi à la lettre les
erreurs du jésuitisme traditionnel. Après la

mort du maître, ils ont nommé un grand prêtre *M. Enfantin*, puis, ils ont fondé un journal appelé LE PRODUCTEUR; ce journal décorait du noble nom de *travail*, toutes les exploitations et spéculations financières auxquelles le saint-simonisme a servi de dogme matérialiste, enfin, de point de départ.

Plusieurs intelligents écrivains de notre époque ont constaté l'ornière économique dans laquelle le saint-simonisme a poussé le peuple français.

» *On trouve des saint-simoniens dans tous les* » *partis.* »

T. DELORD.

» *Le saint-simonisme, c'est le despotisme de* » *l'homme.* »

COLLINS.

» *Le saint-simonisme est une nouvelle réforme* » *du christianisme, rien de plus, rien de moins.*»

E. BARRAULT.

» *Le saint-simonisme est à la fois une science,* » *une politique et un dogme.* »

L. JOURDAN.

» *Les saint-simoniennes croyaient avoir droit* » *à la même liberté de mœurs que les hommes,* » *etc., etc.* »

Mme ROMIEU.

Le saint-simonisme qui est exclusivement matérialiste, n'a pourtant laissé qu'une seule manifestation matérielle, — celle de l'exploitation du travail et de l'épargne des masses au moyen des capitaux associés.

Voici les trois systèmes généraux des banques modernes, qui ont été établies d'après les principes matérialistes du saint-simonisme.

5°

Haute Banque.

Les banques et sociétés par actions ont été, sinon inventées par le saint-simonisme, du moins considérablement développées par ses sectaires.

Au moyen des sociétés anonymes, les saint-simoniens ont mis en pratique le principal dogme de leur nouvelle Église :

A chacun selon sa capacité.

Les directeurs des nouvelles hautes banques se trouvant beaucoup plus capables que leurs commanditaires, se sont fait des fortunes colossales, tandis que leurs actionnaires et quelquefois même leurs obligataires qui étaient infiniment moins capables qu'eux, ont à peu près tous été ruinés.

Les moyens employés dans quelques-unes de ces sociétés sous les deux derniers règnes sont d'une simplicité remarquable :

1° Les comptabilités contenaient naturellement les comptes courants de la Société ainsi que ceux de MM. les directeurs et administrateurs.

En cet état, — lorsqu'une opération de bourse avait réussi, elle était généralement passée à l'un ou à plusieurs des comptes de ces messieurs ; lorsqu'au contraire les opérations boursières donnaient des pertes, elles étaient très souvent inscrites au compte de la société.

Les comptables passaient leurs écritures un peu plus tard quoiqu'aux bonnes dates et tout était dit ; — les spéculateurs dont nous parlons avaient donc tout le temps pour être renseignés sur la valeur des diverses opérations faites sur les valeurs cotées à la Bourse, si bien que ces messieurs ont généralement travaillé à coup sûr.

Ce principe de comptabilité transitoire appliqué aux affaires boursières a été appelé LE SIPHON ; — par le motif qu'au moyen de ce système, le capital d'une société coule peu à peu dans d'autres caisses absolument comme du liquide qui passerait d'un vase dans un autre par l'organe d'un siphon.

2° Lorsqu'au moyen de ce principe de comptabilité financière le fonds social d'une banque était à peu près épuisé, les gens capables qui dirigeaient ostensiblement ou d'une façon occulte les sociétés dont nous parlons, émettaient pour des sommes immenses d'obligations qui étaient généralement souscrites et au delà dans les vingt-quatre heures, parce que c'était presque toujours ces messieurs qui les souscrivaient eux-mêmes ; — dès ce moment, les opérations remarchaient comme de plus belle, et les dividendes au capital social disparu étaient toujours superbes ; — alors, ces messieurs vendaient peu à peu leurs obligations avec de beaux bénéfices, — pendant que LE SIPHON continuait incessamment à ruiner leurs sociétés.

Je suis loin de penser que ce système ait été pratiqué dans tous les établissements anonymes des deux règnes derniers, mais il a été mis largement à exécution dans beaucoup d'entre eux, et il aurait pu l'être partout, grâce à la mauvaise organisation de notre société.

Ces exemples scandaleux ont décidé les fondateurs de quelques hauts établissements fondés depuis, à introduire dans leurs statuts la défense expresse à leurs directeurs et administrateurs de pratiquer les jeux et opérations de Bourse.

Malheureusement, LE SIPHON est un système de comptabilité qui a été employé par les gouvernants du règne dernier sous le nom de : LES VIREMENTS.

La loi protégeant ce système en haut lieu, on ne doit pas être étonné qu'il ait été appliqué plus bas, car les bons ou les mauvais exemples viennent toujours du pouvoir.

6°

Banques de Dépôt

Ce genre de banque a des établissements qui font au besoin l'escompte du papier aux industriels, commerçants, propriétaires, travailleurs et employés lorsqu'ils déposent leurs fonds disponibles en comptes-courants de chèques ; elles reçoivent également en dépôt les titres et valeurs sur lesquels elles font des découverts.

Plusieurs procès célèbres nous ont appris sous le règne dernier, le mauvais emploi que faisaient certaines de ces banques des titres qu'elles avaient reçus en dépôt.

Quant aux capitaux déposés dans les caisses

de ces sociétés, ils sont disponibles et rapportent de 1/2 à 1 0/0 à leurs dépositaires à partir du lendemain de leur remise.

Avec l'argent de leurs clients, ces banques achètent des fonds d'État qui leur rapportent de 4 à 5 0/0 suivant l'époque de leur acquisition; — elles peuvent encore déposer ces valeurs à la Banque de France et jouir par ce moyen d'énormes découverts à un taux d'intérêt de moitié moindre à celui des rentes d'État, puisqu'en réalité elles prennent pour argent les billets de la Banque de France, qui ne sont en somme que du papier.

Quelques-unes de ces banques sont arrivées ainsi à faire des affaires immenses avec un capital restreint. — Aussi, celles de ces sociétés dans lesquelles **le siphon** n'a pas été pratiqué par leurs directeurs et hauts administrateurs ont donné de fort beaux bénéfices à leurs actionnaires, tout en augmentant considérablement la valeur d'émission de leurs titres.

Les banques de dépôt représentent donc un système financier mutuel au profit de quelques-uns, mais qu'il serait très facile et surtout fort désirable de voir établir au profit de tous.

Instruction. — *L'un des grands secrets du crédit à bas intérêt au profit des travailleurs* *de tous les plans professionnels de la société paraît résider dans le bénéfice des dépôts par comptes courants de chèques, que les propriétaires, commerçants, industriels, travailleurs et employés déposent dans les banques syndicales qui seront à leur disposition; — ce bénéfice qui prendra des proportions de plus en plus grandes sous le règne des collectivités, se produira sans aucun risque et même en rendant aux déposants le service d'éviter les vols, les pertes et les tentations qu'occasionnent toujours les capitaux dormant chez les particuliers.*

Un autre côté intéressant du système de dépôt d'argent par compte courant de chèques, consiste à avoir une comptabilité et un contrôle certain de dépenses, puis, des acquits de factures et de paiements qui ne peuvent s'égarer.

7°

Les Banques populaires d'Allemagne, d'Angleterre, de Russie, etc.

Ces banques sont réellement basées sur le principe collectif, mais à son état rudimentaire.

La mutualité et la solidarité sont bien les appuis de ces établissements financiers (*dernier*

mot du saint-simonisme), puisque chacun d'eux
réunit une masse plus ou moins grande de travailleurs qui sont à la fois les actionnaires et
les clients de ces banques coopératives.

Les banques populaires d'Allemagne et d'ailleurs sont les véritables caisses d'épargne du
peuple; en plus, leurs administrateurs font contracter des emprunts aux travailleurs qui les
composent, afin d'alimenter les découverts de
ceux des associés qui en ont besoin ; — mais,
comme ces derniers n'offrent aucun gage réel
à leurs prêteurs, il faut des hommes de bien
comme M. Schultze-Delitzsch et autres pour
couvrir ces emprunts ou les faire couvrir par
dévouement à la cause du bien public ; — c'est
là un acte paternel et de haute charité, mais non
point un fait d'organisation sociale (1).

En résumé, le principe actif des banques
populaires d'Allemagne et d'ailleurs est fort
incomplet.

Malgré les petits services que ces banques
rendent au crédit collectif, il ne faut les regarder

---

(1) La portée caractéristique des banques populaires
se trouve dans ce fait que, les fonds avec lesquels sont
faits les prêts sont fournis directement par les prêteurs
ou EMPRUNTÉS sous leur garantie commune.
(Dictionnaire Pierre Larousse, t. II, p. 160, 1ʳᵉ col.)

que comme l'avant-garde des parfaits établissements de crédit du travail et des travailleurs
qu'un prochain avenir nous promet, et dont je
vous explique les bases larges et solides dans
les réponses ci-dessus et ci-après.

En nous plaçant à un autre point de vue, les
banques populaires d'Allemagne unies à celles
du reste de l'Europe nous présentent un chiffre
d'affaires tellement minime relativement à l'im-
mensité de leur base d'opération; — puis, les
intérêts qu'elles font payer sont si élevés (1),
que les hommes de progrès ne doivent considérer
leur fonctionnement que comme une louable
tentative qui fait le plus grand honneur aux
hommes de bien, leurs fondateurs; enfin, comme
un point de comparaison utile, quoique lillipu-
tien, pour préjuger les proportions immenses
que doit prendre le crédit des classes laborieuses
dans les banques colossales du règne des collectivités de l'avenir, dont chacune des familles
professionnelles possédera une branche.

Les deux principaux moyens d'action des
banques syndicales dont je vous propose l'adoption du principe, seront :

----

(1) Voir BANQUES POPULAIRES, par François Vigano, tome
deuxième, pages 204 à 215 et autres. Guillaumin et Cie,
éditeurs, rue Richelieu, 14. (Paris, — 1875.)

1° Le trop-plein de l'épargne nationale, qui est l'impôt, servira de fonds de roulement disponible à chacune des branches de ces établissements financiers, étant entendu que ce capital sera à peu près proportionnel au trop plein des contributions de toute nature des clients de chaque branche;

En un mot, le trésor français qui est aujourd'hui l'établissement financier des privilégiés de notre état social, deviendra, avec la Banque de France, celui du peuple français auquel il appartient réellement; — à cet effet, le Trésor français sera divisé en une centaine de branches desservant tout le territoire.

2° Les bénéfices des dépôts à bas intérêts par comptes courants de chèques serviront (*comme il vient d'être dit,*) à rendre le crédit à très bon marché pour les producteurs responsables.

La base d'opération et les statuts des banques syndicales seront à peu près les mêmes que ceux des banques populaires d'Allemagne; mais, les ressources financières du règne des collectivités seront cent fois plus fortes par les trop pleins de l'impôt et les dépôts de fonds des corps professionnels de chaque branche, qui viendront s'unir au capital social et aux épargnes placées par les participants; — puis, les responsabilités de chacun des clients seront décuplées par l'assurance générale de leur lendemain, l'hypothèque syndicale sur leur actif et leur assurance sur la vie.

3° La troisième personne de cette dualité active sera représentée par un développement considérable de la production et de la consommation nationales, développement qui fera ruisseler *(si je puis m'exprimer ainsi)* le bien-être, le contentement et le progrès dans toutes les classes de la société.

Réponse J.

J. — Le taux de l'intérêt n'a aucun autre moyen de se réduire progressivement, si ce n'est celui indiqué dans mes réponses générales; — ce moyen sera fortifié par la confiance générale que donnera l'organisation professionnelle.

Alors, le développement des échanges de produits à produits qui se généralisera presque de suite, constituera un trop-plein de plus en plus grand d'argent; ce trop-plein amènera forcément une diminution graduelle de la valeur de l'intérêt, diminution qui obligera évidemment le vote d'un minimum formulé dans une loi; — car, de même que l'intérêt trop élevé de l'argent est une cause sérieuse de désordre dans une société, son avilissement exagéré apporterait également de regrettables malaises.

Quant à la transformation des rentes perpétuelles en rentes viagères, cette proposition représente la faillite transitoire au profit de l'État et par conséquent le communisme, ainsi que la préparation aux despotismes du bas des sociétés appelés LA COMMUNE RÉVOLUTIONNAIRE.

Que votre sollicitude pour les intérêts des classes laborieuses se rassure, le règne des collectivités paiera très facilement tout ce que doit la France, en outre, ce paiement contribuera à développer notre fortune publique comme je l'indique pages 148 à 151, au lieu de constituer un embarras pour ce règne moralisateur.

Il a été dit à ce sujet :

1° QUI PAIE SES DETTES S'ENRICHIT ; — le règne des collectivités méritera encore bien davantage de s'enrichir, puisqu'il paiera les dettes des autres ;

2° QUANT AU DIEU TOUT LE MONDE (que les Grecs appelaient le dieu Pan), TOUT EST POSSIBLE.

Quatrième question.

K. — Étudier la réforme des impôts en vue de la simplification, de l'économie des moyens et de la réduction graduelle et successive des contributions indirectes, notamment des droits de douane et d'octroi destinés à disparaître les premiers.

L. — Le revenu net d'une nation après prélèvement de tous les frais de production, étant la seule base, l'unique source de l'impôt, examiner si l'on ne pourrait pas se dégager de toute complication et ramener aux termes les plus simples la perception de l'impôt, en demandant au revenu net les ressources nécessaires aux dépenses publiques, soit au moment de sa formation, soit lorsque, par son accumulation successive, il est passé à l'état de capital et est devenu le fond de la richesse nationale.

On pourrait alors recourir :

Au revenu :

M. — Soit directement par un impôt unique sur l'ensemble des revenus, comme dans certains États de l'Europe, soit indirectement, comme en France, sous la forme des quatre contributions directes et de l'impôt sur les valeurs mobilières, en exemptant de cette charge tout prélèvement sur le nécessaire du peuple ;

Au capital :

N. — 1° Au moyen de prélèvements gradués sur les

successions collatérales ou directes, en dégageant, par compensation, la propriété, dans la mesure des besoins du contrôle de l'État et de la garantie des tiers, des droits de mutation, de timbre ou d'enregistrement.

O. — Ces prélèvements devraient être répartis sur plusieurs années, de manière à en atténuer la charge et à apporter le moins de trouble possible dans la jouissance des biens transmis par héritage.

P. — 2° Par l'emploi des emprunts pour aider à la réforme des impôts et pour accomplir toute œuvre reproductive, comme celle de l'éducation et celle des travaux publics, en concentrant sur ce mode de placement tous les fonds des caisses d'épargne et de retraite.

Q. — Il sera bon de s'inspirer dans cette étude des travaux de Vauban, de Quesnay et de Turgot.

Pour chaque question, il y a :

R. — Un premier prix, etc., etc.

S. — Les mémoires doivent être adressés, au plus tard, le 31 décembre prochain, aux bureaux de *la Liberté*, 146, rue Montmartre. Ils doivent être accompagnés d'un pli cacheté contenant le nom de l'auteur et portant la même épigraphe que le mémoire.

Réponses
aux paragraphes de votre quatrième question

K. — L'esprit de cette question en absorbe complètement la lettre ; or, j'ai largement ré-

pondu aux désirs qu'il exprime, pages 178
à 183 (inclus).

L. — J'ai expliqué à ce sujet qu'il est impossible d'avoir une meilleure assiette générale
d'impôts que celle actuelle, il s'agit tout simplement pour le peuple français d'en gérer le montant lui-même au lieu de le laisser consommer,
perdre ou dissiper par des privilégiés.

L'immense impopularité de l'impôt sur le
capital réclamé par un grand nombre d'industriels il y a quelques années, démontre l'impos-
sibilité de mettre à exécution ce que vous demandez ici ; — ceci pour le côté pratique : quant
aux résultats, ils seraient (*je me charge de le
démontrer*) aussi mauvais que possible à tous
les égards.

M. — L'impôt unique serait un acte de communisme absolument inutile, car c'est toujours
en définitive le peuple des producteurs que vous
semblez vouloir protéger et que sans le vouloir
vous proposez d'accabler, qui paie tous les impôts par son travail.

N. — Encore du communisme par la néga-
tïon des droits naturels de l'héritage.

———————

O. — Atténuation qui n'atténue rien.

———————

P. — Encore du communisme par la transformation des biens véritables que les propriétaires possèdent, en biens fictifs qui s'appellent
les titres des emprunts d'États ou de communes.

———————

Quesnay.

Q. — Je me suis inspiré des œuvres de Turgot
et de Vauban; — quant à l'auteur du LAISSER
FAIRE, LAISSER PASSER, qui est le chirurgien de
Louis XV, Quesnay, il n'y a rien à tirer de lui
ni de ses œuvres. Vous voulez organiser, alors
il ne faut pas s'adresser au plus grand théo-
ricien de la désorganisation sociale qui est
Quesnay, lequel n'avait pour loi que l'exploitation de la nature par elle-même, au lieu de
l'organisation du développement de toutes les

richesses naturelles au profit de chacun des hommes.

Un mot qui tue Quesnay comme réputation d'intelligence économique.

QUESNAY VOULAIT UN IMPÔT UNIQUE SUR LE PRODUIT NET DES REVENUS DU SOL.

R. — . . . .

Prévisions.

S. — Ainsi que je vous l'ai dit plus haut, — je trouve que la date de la remise des mémoires que vous demandez aux hommes de bonne volonté est trop éloignée, — vu les dangers que court actuellement la paix des sociétés européennes.

En effet, depuis 1848 les gouvernements étrangers considèrent de plus en plus la France comme le foyer révolutionnaire de l'Europe, duquel tous les mots d'ordre partent. Ne pensez-vous pas, Monsieur, que c'est là le motif pour lequel la Russie et l'Angleterre ont cru devoir nous laisser écraser par l'Allemagne en 1870-71 ?

En plus, ne craignez-vous pas aujourd'hui que

la même peur du foyer révolutionnaire n'ait renouvelé une secrète alliance étrangère contre notre pays?

1° Le gouvernement russe paraît convaincu qu'il aurait bon marché du nihilisme si le foyer de la révolution était éteint.

2° Ne craignez-vous pas que les princes de la maison de Savoie ne soient persuadés depuis 1870, que la révolution pourrait bien jeter cette maison royale à bas du trône italien aussi facilement qu'elle l'y a placée, si le foyer révolutionnaire français n'est bientôt anéanti?

Les armées d'Italie, préparées depuis dix ans, sont, présentées dans une brochure célèbre (1), comme étant supérieurement organisées en ce moment à tous les points de vue; — enfin, l'Allemagne, malgré qu'elle soit toujours et de plus en plus gênée d'argent, n'en développe pas moins et constamment l'ordre, l'instruction, l'armement, mais surtout le nombre de ses armées.

De même qu'avant 1870, personne en France n'a l'air de s'apercevoir de ces formidables me-

_____

(1) *L'Armée française en 1879*, par un officier en retraite, pages 325 et autres. Paris, J. Hetzel et Cⁱᵉ, éditeurs, rue Jacob, 18.

naces et préparatifs : — pourtant, on dit un peu partout que les traités secrets qui lient quelques puissances étrangères contre le fameux foyer de la révolution, ont pour but de rétablir les anciens cercles de l'empire du côté de la France, en leur rendant les frontières du Rhône, de la Saône, de la Meuse et en y englobant les Vosges.

Vous n'ignorez pas, Monsieur, que les cercles du Saint-Empire ont donné autrefois près de trois siècles consécutifs de paix entre l'Orient et l'Occident. — Fondés en 1387 par l'empereur d'Allemagne Wenceslas, chacun de ces cercles avait une Diétine où le peuple n'était pas représenté, puis, des chefs militaires qui faisaient exécuter à la minute les ordres du Saint-Empire ; en un mot, les nouveaux cercles des Empires alliés représenteraient l'état de siège organisé et permanent.

C'est dans les cercles du Saint-Empire que l'on brûlait des milliers de sorciers, afin de terroriser les populations.

———

INSTRUCTION. — Si la France fermait l'ère des révolutions par l'établissement du socialisme pratique, comme vous avez l'apparence de le lui conseiller, — les effets du traité secret qui lie certaines puissances d'Europe contre la France, *foyer de révolution,* seraient forcément annulés faute de raison d'être, puis, par l'immense force morale et matérielle que notre pays acquerrait presque instantanément.

Bien au contraire, si les intérêts des populations françaises sont toujours divisés lorsque le foyer des révolutions sera attaqué, ne craignez-vous pas, Monsieur, que les classes basses et moyennes dont la ruine serait consommée par cet évènement, ne se retournent furieuses contre nos classes dirigeantes qu'elles accuseraient de leur malheur, et ne livrent nos provinces entières à un 93 général ; — le tout aux mêmes applaudissements des puissances envahissantes, que ceux manifestés par les chefs allemands entourant Paris pendant le cours de la guerre de la Commune révolutionnaire de 1871 ?

J'espère vous avoir démontré, Monsieur, l'urgence d'avancer beaucoup l'époque de votre concours.

Résumé final.

Le seul moyen de rassurer l'Europe effrayée de nos éléments de discordes politiques, est

donc d'organiser nos multiples intérêts producteurs.

Le règne des pères de famille donnera à chacun des citoyens laborieux la position matérielle
la plus désirable qu'il puisse ambitionner, relativement à la situation intellectuelle et sociale
qu'il aura reçue de la Nature.

Partant, plus de révolution ni de guerres
entre les peuples, ou au moins, les chances de
ces cataclysmes seront considérablement réduites;
— cette situation garantira sûrement la paisible
jouissance des biens possédés par les familles
des classes supérieures.

Mais il ne faut pas se leurrer du vain espoir
que le règne des pères de famille n'aura aucun
opposant; — bien au contraire, il faut s'attendre
à ce que les natures vicieuses, sensuelles et cri-
minelles lui feront de l'opposition; — mais ces
oppositions ne représenteront que de légères exceptions qui deviendront de plus en plus rares
par la suite des temps; — en un mot, de même
que dans la grammaire, ces exceptions n'auront
qu'un seul résultat, qui sera celui de prouver
l'excellence de la règle.

Dans tous les cas, le règne des pères de famille français possédera nos colonies, dans
lesquelles il enverra vivre au loin et comme elles

l'entendront, toutes ses brebis galeuses qui ne
voudront pas s'astreindre à remplir leurs devoirs
sociaux.

Car ce sont les devoirs sociaux remplis proportionnellement par tous, qui peuvent seuls
établir justement la jouissance indiscutable des
droits individuels de chacun (1).

FIN DU TROISIÈME ET DERNIER CHAPITRE

DU TROISIÈME ET DERNIER VOLUME

DE LA REVANCHE DE LA FRANCE PAR LE TRAVAIL

ET LES INTÉRÊTS ORGANISÉS,

(1) Aucune de mes études ne s'occupe de l'appréciation des
moyens de partager les miettes de la table sociale, c'est-à-dire
des intérêts et participations dans les bénéfices entre patrons,
employés et ouvriers; — je pense qu'il est bon de laisser croître
et se développer librement toutes ces fleurs des relations d'intérêts, afin de protéger partout la constitution de FAITS SOCIAUX
VÉRITABLES, puis, ne jamais favoriser l'introduction de la dégradante charité matérielle dans aucune des transactions du travail, du commerce et de l'industrie.

TABLE DES MATIÈRES

DU DERNIER CHAPITRE

Bilan financier de la France.

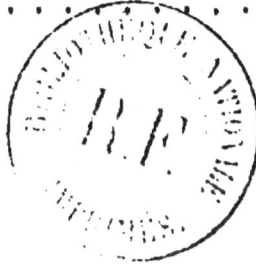

IMPRIMERIE CENTRALE DES CHEMINS DE FER. — A. CHAIX ET Cⁱᵉ,
RUE BERGÈRE, 20, A PARIS. — 9952-0.

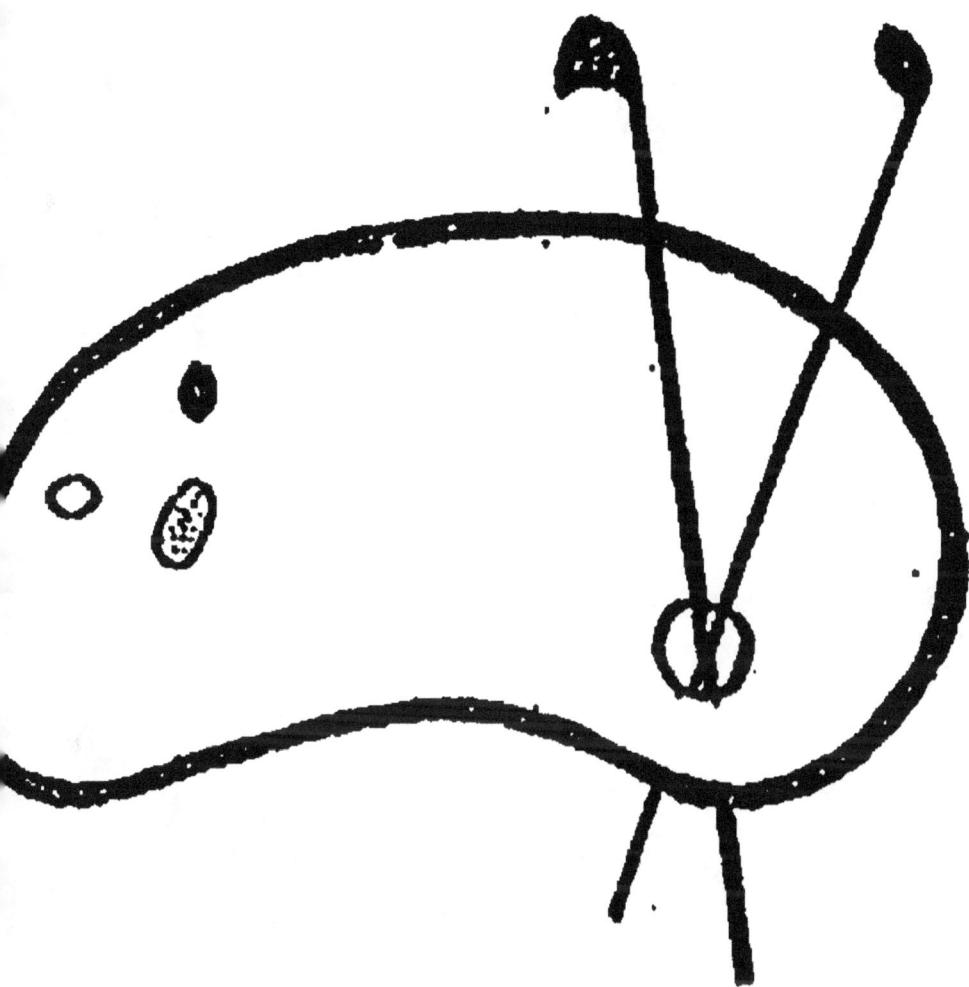

ORIGINAL EN COULEUR
NP Z 13-120-8